AF381752

CANDIDE EN CAMPAGNE

MARTIN ROCCA

CANDIDE EN CAMPAGNE

Journal présidentiel d'un étudiant candidat

Édition : BoD - Books on Demand, info@bod.fr
Impression : BoD – Books on Demand,
In de Tarpen 42, Norderstedt (Allemagne)
Impression à la demande
ISBN : 978-2-3222-2303-9
Dépôt légal : aout 2023

Sommaire

Préface

Et pourquoi pas ?

C'est vraiment le sentiment que je retiens de mon premier échange avec Martin et son groupe sur les réseaux sociaux. Le titre de son manifeste comportait un quelque chose de très motivant qui m'avait spontanément fait accrocher. Après avoir lu attentivement les informations que je pouvais dénicher alors sur le projet qu'ils portaient, je leur ai proposé d'être un relais pour faire parler de leur initiative dans ma région.

Nous avons rapidement convenu d'une date afin de passer une semaine chez moi, dans les Combrailles [au nord-ouest du Massif central], afin de faire connaissance et de discuter de leur projet citoyen. Ce fut une semaine d'été très vivante, riche en discussions et en rencontres avec des élus et des médias locaux.

Je présentai Martin à la maire de mon village et assistai pour la première fois à un rendez-vous en mairie à ses côtés. C'est alors que j'ai mesuré l'envergure du projet, la maîtrise que Martin en avait et la clarté de son propos. La force de conviction qui est la sienne était bien capable, à mon avis, de recueillir les cinq cents signatures d'élus nécessaires pour être officiellement candidat à l'élection présidentielle.

Le hasard voulu que ma sœur et sa compagne fussent présentes chez moi cette semaine-là. Plus intellectuelles que moi, elles furent également impressionnées par lucidité de ces jeunes et les conversations en furent largement enrichies. J'étais totalement rassuré et encore plus motivé à soutenir une telle démarche citoyenne !

Suite à cette première rencontre chez moi, j'ai proposé de transformer la caravane de mon expédition Everest 2022 en caravane « Martin Rocca, le plus jeune candidat à l'élection présidentielle. » Une fois la caravane floquée au couleur du projet, j'ai rejoint Martin sur les routes à la rencontre des gens et des élus. Certains de mes sponsors se sont inquiétés de cette campagne politique, mais c'était avant tout une campagne civique, pour la démocratie ! indépendamment de tout parti politique.

Le journal de Centre France La Montagne, qui produit régulièrement sur mes expéditions et évènements concernant la haute montagne depuis que je me suis installé dans la région, fit rapidement venir une journaliste et un photographe pour écrire un article sur Martin et son projet. Mais j'aurais aimé que les médias nationaux accordent à Martin une visibilité plus importante qui lui aurait, peut-être, permit d'obtenir les cinq cents signatures requises. Cela aura surtout aidé à intéresser et motiver de nombreux jeunes et moins jeunes dans cette période électorale qui fut si décevante.

Pour conclure cette préface que je suis honoré d'écrire pour Martin, j'aimerais souligner combien ce projet fut une si belle aventure humaine et civique. Elle a enrichi ma compréhension des mécanismes politiques, comme j'espère ce livre enrichira la vôtre. Lorsque j'en aurai terminé avec la montagne, qui m'a donné beaucoup de joie pendant cinquante ans, alors qu'elle aurait pu me prendre plusieurs fois la vie, je mettrai peut-être à profit ces enseignements pour m'engager différemment.

Préface

L'engagement de Martin, son témoignage sincère à travers le récit détaillé et critique de cette campagne extraordinaire, serviront à tous ses lecteurs. J'en suis persuadé.

Merci Martin ! A toi et tes amis.

Introduction

« Candidat à l'élection présidentielle » : c'est ainsi que je me suis présenté, par abus de langage, du 9 janvier 2021 au 4 mars 2022. Je n'ai en réalité pas réussi à réunir les 500 parrainages pour officialiser ma candidature, ni même à faire reconnaître cette dernière médiatiquement.

Cette période d'engagement intense me fut pourtant profitable à bien des égards, et c'est pour en partager les enseignements que j'ai décidé d'écrire ce compte rendu d'expérience.

Au fondement de mon engagement se trouve la peur, l'angoisse de vivre dans un monde qui se dégrade. Accroissement des catastrophes naturelles, difficultés dans les domaines essentiels de l'agriculture et de l'énergie, multiplication des mouvements de migration et des conflits… telles sont les perspectives qui s'offrent aujourd'hui à l'humanité. Abreuvée jusqu'à la dépendance par une information continue sur l'état du monde, ma génération ne peut ignorer la violence de la crise environnementale dans laquelle nous entrons.

Ainsi, pour la première fois cette année m'a traversé l'idée de renoncer à avoir des enfants face à l'ampleur des conséquences des crises du climat et de la biodiversité. Pourquoi donner la vie si celle-ci s'annonce être un enfer ? Je ne cherche pas – encore –

de réponse à cette question mais sa pertinence est nouvelle à mes yeux.

Fort heureusement, l'angoisse, pendant négatif de ma motivation, n'est pas le seul moteur de mon action. L'espoir y joue un rôle tout aussi grand ! L'espoir de voir se multiplier les remises en question de notre système afin de le faire *bifurquer* et de retrouver un équilibre écologique à l'horizon de la fin de ma vie.

Cela reste en réalité un espoir froid, un optimisme volontaire. Je comprends la volonté de nourrir un récit positif autour du « défi » que représente le changement climatique mais j'ai du mal à me retrouver dans celui-ci. A contrario, je ne me retrouve pas non plus dans les thèses catastrophistes où l'*effondrement* est parfois réduit à un horizon quasi-religieux.

Nous sommes aujourd'hui condamnés à vivre. Reste à tout un chacun de trouver un espoir d'équilibriste, entre l'agacement que provoquent les discours catastrophistes et l'anxiété face à la multiplication des avertissements scientifiques.

Nous ne fonçons pas droit dans un mur. La métaphore est galvaudée. Il n'y aura aucun mur, comme il n'y aura pas eu de grand soir. Je préfère imaginer l'humanité comme à l'ascension d'une montagne dont le sommet n'est pas encore visible. Jamais nous n'avons été plus haut qu'aujourd'hui. Dans les domaines de la médecine, de l'alimentation, de la lutte contre la pauvreté, de l'éducation… les derniers siècles ont vu les plus grands progrès de l'humanité.

Mais cette ascension s'est largement appuyée sur l'exploitation des ressources fossiles, exploitation qui menace aujourd'hui notre capacité à continuer de grimper. L'humanité se trouve donc condamnée à réinventer les moyens de sa progression, sous peine de voir son évolution inversée de force par les conséquences des dérèglements climatiques et biologiques.

Étonnement, ce projet est né en Allemagne à l'automne 2020. Je venais d'y emménager pour y apprendre la langue. Comme à chacun, le premier confinement m'avait laissé du temps pour imaginer le « monde d'après » et une phrase entendue à la radio m'était tout particulièrement restée en tête : « *il nous faudrait un Covid supplémentaire tous les ans pour que l'on respecte* [la limite] *des deux degrés* » des Accords de Paris. S'exprimait ainsi à la radio le polytechnicien Jean-Marc Jancovici, ingénieur consultant en énergie, star d'internet et coqueluche des jeunes ingénieurs à tendance écologiste. Comme souvent avec Jancovici, l'affirmation se veut ici provocatrice et permet, en un instant, de saisir l'ampleur du problème qui se pose.

Paradoxalement, je trouve cette phrase porteuse d'espoir : un retour rapide à l'équilibre est possible. Certains s'échinent d'ailleurs à le démontrer techniquement, comme le think tank The Shift Project fondé par le même Jancovici, qui vient de publier son *Plan de transformation de l'économie française.* Mais, pour être honnête, je ne connais pas grand-chose aux aspects techniques du problème. Ma formation scientifique se résume au baccalauréat et à quelques vidéos de vulgarisation sur internet.

En revanche, je suis convaincu que le problème n'est pas uniquement technique mais également politique : impulser ce retour à l'équilibre et, à plus long terme, faire durablement accepter les limites physiques que nous impose la nature, passe à l'évidence par une modification radicale du mode de vie de millions de personnes. Or il est évident que cette modification ne pourra pas s'appuyer sur la vertu individuelle. Comment alors faire en sorte d'impulser ce changement ?

Introduction

Je n'ai pas beaucoup plus d'expertise sur cet aspect de la question mais cependant assez pour que me soit venu une intuition au mois de septembre 2020 : il ne pourra se réaliser que par l'auto-régulation démocratique des sociétés. En d'autres termes, seules des réglementations contraignantes permettront de pallier nos faiblesses individuelles, à la condition impérative que les institutions qui les appliquent bénéficient de l'adhésion éclairée d'une majorité des citoyens concernés.

A l'automne 2020, je commençai donc à coucher cette intuition sur le papier et à écrire une sorte de manifeste. J'étais aidé dans mon travail par des conversations avec mes parents ainsi qu'avec mon ami Adrien Fenniri, premier mis au courant. Adrien et moi nous étions rencontrés aux Etats-Unis un an auparavant lors d'un échange universitaire. Originaire de Normandie, il était alors en master d'affaires publiques à Sciences Po. Nous partagions un même intérêt pour la politique et échangions nos réflexions.

Et si la clé manquante de notre problème était, avant tout programme de gouvernement, la rénovation préalable de notre système politique de façon à rendre possible l'adhésion éclairée et majoritaire évoquée ci-dessus ? Et si la mise en œuvre de cette rénovation passait par le rassemblement d'une large majorité convaincue par le bienfondé de ce projet autour d'une candidature apartisane à l'élection présidentielle ? Mes cours d'allemand passèrent peu à peu au second plan alors que les pages s'accumulaient.

Dans l'objectif d'élargir la liste de mes interlocuteurs, je décidai au mois de décembre d'exposer l'esquisse du projet sur internet en passant par le canal que je connaissais le mieux : YouTube. J'ouvris donc une chaîne à mon nom et commençai à détailler le projet à l'oral, vidéo par vidéo. Je rentrai en France au printemps pour me consacrer entièrement à ce projet, repoussant mon apprentissage de l'allemand à plus tard, et m'installai à Lacanau, en Gironde, dans la maison de ma famille.

Fin avril, la première version du manifeste était entièrement rédigée et je décidai de l'envoyer à des personnalités que je jugeais potentiellement intéressées par le projet : Paul Cassia (professeur de droit), François Ruffin (député), Victor Vauquois (de la chaîne YouTube Partager c'est sympa), Dominique Méda (sociologue) … Mail sur le modèle suivant :

Cher Madame/Monsieur,

J'ai aujourd'hui 21 ans et, si je fais partie d'une génération qui se tient largement à l'écart des urnes, ce n'est pas faute de se sentir concerné par les problèmes du monde et en particulier par la crise environnementale. Mon engagement personnel se concrétise aujourd'hui par l'élaboration d'un projet politique dont j'ai détaillé les grandes lignes dans un premier manifeste de quelques pages. Au vu de vos engagements, je me permets de vous l'envoyer en pièce jointe et de vous en transmettre le résumé ci-dessous.
Votre avis me serait d'une aide précieuse et je serais très heureux d'avoir l'opportunité de m'entretenir avec vous à ce sujet.

Respectueusement,
Martin Rocca

Sur plus de cinquante mails envoyés, une petite dizaine de réponses me parvinrent, la plupart me souhaitant poliment bonne chance.

La première version du texte mentionnait une candidature « portée par un candidat adéquat au cadre en vigueur » et ma

Introduction

candidature n'était alors d'aucune évidence. Mais à la suite des retours de mails et de certains échanges sur lesquels je reviendrai, je pris finalement la décision d'assumer ce projet jusqu'au bout, en endossant le rôle du candidat. La version définitive du manifeste, disponible en annexe, fut terminée fin avril 2021 et imprimée en 200 exemplaires par un imprimeur de Lacanau.

Débuta alors le projet proprement dit : un voyage de plusieurs milliers de kilomètres à travers la France dans l'optique de faire parler de cette candidature pour, ultimement, réunir 500 parrainages d'élus et offrir une alternative électorale originale à toutes celles et ceux en âge de voter.

Le présent essai a pour ambition de revenir sur l'élaboration de ce projet, sa mise en œuvre et son échec.

La genèse du projet

La question des raisons de mon engagement dans ce projet fut une de celles qu'on me posa le plus. Non seulement des journalistes mais également des curieux, des personnes rencontrées, et même mes plus proches s'interrogèrent face à ce qu'ils voyaient d'abord comme une sortie de route volontaire, bien plus que comme un projet politique à part entière.

a. La volonté de s'engager face au réchauffement climatique

Lors du séjour universitaire que j'ai eu la chance de faire aux États-Unis, j'ai eu l'occasion d'échanger avec une militante d'Extinction Rébellion, association internationale prônant la désobéissance civile face à l'inactivité climatique des gouvernements. Tous deux également alarmés par les conséquences du dérèglement climatique et de l'effondrement de la biodiversité, ainsi que par l'inefficacité des politiques publiques dans ce domaine, nous nous différencions par nos approches de la solution. Plus exactement, et il me fallut du temps pour m'en rendre compte, elle défendait une solution, la désobéissance civile, que je critiquais confortablement sans pour autant proposer d'alternative.

Presque un an après nos discussions je me figurais cette question qu'elle se posait peut-être : excepté critiquer son mode d'action à elle, qu'est-ce que je faisais, moi, pour aider le climat ?

De fait, pas un jour ne passe sans que ne se pose à moi la difficile question de notre avenir sur Terre, ainsi que celle, plus personnelle, de mon rôle dans cet avenir commun.

Ces questions se posent pour moi de manière d'autant plus aiguë que j'ai conscience d'appartenir à une classe privilégiée dans une nation qui l'est tout autant. Profitant de conditions de vie exceptionnelles à l'échelle planétaire comme à l'échelle française, il m'a toujours paru évident de chercher à ce que les conditions de vie dont je profite ne représentent plus l'exception.

Ces interrogations altruistes qui motivent mon engagement n'occultent absolument pas mes égoïsmes quotidiens, en particulier dans ma consommation. Comme une partie de plus en plus importante de la population française, je suis en fait un *Klimabesorgte Klimasünder*, un « pollueur soucieux du climat »[1]. Contrairement à ce que l'on pourrait croire, une meilleure compréhension des enjeux environnementaux ne mène pas à une réduction de l'empreinte carbone, au contraire. Il s'avère que les personnes particulièrement préoccupées par l'environnement émettent plus de CO_2 que la moyenne. Ce paradoxe s'explique : les émissions carbones dépendent en partie du niveau de revenu, qui dépend souvent, comme la conscience écologiste, du niveau d'éducation.

---

[1] Selon une expression de l'Office fédéral allemand de l'environnement.

C'est justement cette contradiction intime qui m'a aiguillé vers une solution politique trop peu évoquée comme telle dans le débat public actuel : si la connaissance des enjeux environnementaux ne suffit pas à faire adopter un comportement vertueux par l'auto-contrainte, la conscience de cette faiblesse individuelle pourrait inciter à soutenir des acteurs politiques qui défendent l'instauration collective de contraintes écologiques.

Pour le dire plus simplement, je me sens tout à fait capable d'accepter des contraintes auto-imposées collectivement si celles-ci se font au service de l'intérêt général. Plus concrètement, je suis actuellement incapable de renoncer de moi-même à prendre l'avion ; je serais en revanche tout à fait prêt à me soumettre à une décision prise collectivement d'interdiction des vols au sein de l'UE, par exemple. Non seulement je suis prêt à m'y soumettre mais je suis prêt à **voter** en faveur des politiques qui iront en ce sens si elles s'inscrivent dans un projet cohérent au service du bien commun. Cet exemple illustre ce que j'appellerai le « pari démocratique. »

Certains de mes interlocuteurs n'ont pas manqué de dénoncer la faiblesse de cet axiome[1], sur lequel repose l'ensemble de ce pari. Il suppose en effet un humain capable de reconnaître ses faiblesses et de s'en remettre librement à la collectivité pour les dépasser. Ce sont souvent les mêmes qui préfèrent se raccrocher à une autre vision de l'avenir, que j'appellerais le pari technologique, à l'espoir que de nouvelles technologies nous permettront de trouver un nouvel équilibre écologique. C'est un

---

[1] Explicité plus en longueur dans le manifeste *Et pourquoi pas ?* en annexe.

pari évidemment plus confortable, plus lucratif aussi, et pas forcément incompatible avec le pari démocratique[1].

Qu'aucun de ces deux paris ne réussisse et l'avenir appartiendrait aux cyniques, à ceux qui ont préféré faire le pari du chaos et qui espèrent profiter de l'instabilité dans laquelle glisse lentement l'humanité[2]. Et ces derniers ne sont pas les moins nombreux.

Travailler à populariser la nécessité de ce pari démocratique pour pouvoir s'attaquer efficacement aux dérèglements environnementaux, à travers ce projet de candidature à l'élection présidentielle, m'est donc apparu comme le moyen le plus efficace de contribuer, à mon échelle, à cette lutte.

b. La volonté de s'engager face au dépérissement démocratique

Sur un mur proche de chez moi à Leipzig, où j'ai commencé à concevoir ce projet à l'automne 2020, figurait une citation de l'écrivain allemand Erich Kästner :

Les événements de 1933 à 1945 auraient dû être combattus avant 1928. Après cela, il était trop tard. Il ne faut pas attendre que la boule de neige se transforme en avalanche pour essayer de l'arrêter. Il faut écraser la boule de neige. Une avalanche ne s'arrête pas ...[3]

---

[1] Les deux sont même probablement complémentaires, mais traiter cette question nous écarterait du sujet.

[2] À titre d'exemple, lire les déclarations de Vladimir Poutine sur les « opportunités » créées par le changement climatique.

[3] Traduction personnelle

La date de 1928 me parait un peu mystérieuse, date à laquelle le parti nazi fait 2,6% des voix aux élections législatives (contre 37,3% quatre ans plus tard), également date de publication du premier recueil de poésie de Kästner. Mais il ne s'agit pas de tergiverser sur la date exacte de transformation de la boule de neige en avalanche. Passant outre son fatalisme, je retiens de cette citation l'impérative nécessité de combattre l'extrême droite le plus tôt possible, gardant toujours à l'esprit la potentialité de son arrivée au pouvoir et l'immense difficulté de la renverser une fois installée.

Entre 1988 et 2007, à chaque élection présidentielle, Jean-Marie Le Pen a rassemblé entre 3,8 et 4,8 millions d'électeurs. Sa fille, Marine Le Pen, est passée de 6,4 millions en 2012 à 7,7 en 2018 et 8,1 en 2022. Sans même évoquer les 2,5 millions de voix pour Éric Zemmour, on peut légitimement s'inquiéter de la récente montée de l'extrême droite en France.

Tant leur programme politique que l'héritage qu'ils portent, leurs liens avec Viktor Orbán et Vladimir Poutine ou encore l'absurdité de leurs positions sur le dérèglement climatique sont déjà à l'opposé de mes convictions. Mais le danger plus réaliste que représente l'extrême droite dédiabolisée d'aujourd'hui, c'est sa volonté latente, pas toujours visible, de vider nos institutions de leur essence démocratique pour n'en faire qu'un décor institutionnel verrouillant la confiscation du pouvoir par un petit groupe.

Comme j'ai tenté de l'expliquer dans le manifeste, l'affaiblissement de l'influence populaire sur le processus de décision au fil de gouvernements de plus en plus minoritaires, le décalage de plus en plus palpable entre gouvernés et gouvernants, comme est venue nous le rappeler avec force la naissance du mouvement des Gilets jaunes, favorisent les discours simplistes, démagogues et bonapartistes qui structurent cette famille politique.

Le fonctionnement actuel de nos institutions, par la frustration qu'il crée, devient ainsi aujourd'hui l'un des leviers de l'accession au pouvoir de l'extrême droite.

Si l'accession de l'extrême droite au pouvoir reste le premier danger politique à court terme, m'inquiète également au plus haut point la hausse de la méfiance au sein de notre société. La hausse structurelle de l'abstention ces dernières décennies démontre une méfiance qui non seulement touche les acteurs politiques mais qui menace aujourd'hui de s'étendre au cadre même de leurs actions que sont nos institutions.

Les échecs répétés des politiques se succédant au pouvoir finissent par faire porter la responsabilité non sur leurs personnes mais sur le « carcan » des institutions. Si les gouvernants échouent à améliorer les conditions de vie des gouvernés, ce n'est pas car ils sont incompétents ou corrompus, c'est parce que les institutions (et en premier lieu l'Union Européenne, ou la Constitution…) les empêchent d'agir.

S'ensuit une « fuite des engagements » en dehors du cadre institutionnel. Malgré la nature foncièrement politique des problèmes, les solutions sont de plus en plus recherchées dans un cadre associatif ou entrepreneurial, loin d'un monde politique jugé corrompu et inefficace. Ici encore, nos institutions politiques ne portent pas l'ensemble de la responsabilité de cette hausse de la méfiance, mais leurs dysfonctionnements réels rendent illusoire l'inversion de la tendance dans le cadre actuel.

Populariser ce pari démocratique et remettre la question institutionnelle au centre du débat public me paraît donc être, là encore, une manière structurelle de changer la donne.

c.   Un engagement apartisan et présidentiel

C'est donc la conjonction d'une envie de s'engager et d'une idée que je jugeais novatrice, le pari démocratique comme solution aux crises environnementales, qui me poussa à faire le premier pas, à écrire le manifeste et à l'envoyer pour le faire connaître. Mais les retours de mails révélèrent l'impensé de ce pari : la question de sa mise en application.

J'ai eu l'occasion d'échanger à de multiples reprises avec Nicolas Todorovic, porte-parole d'Équinoxe[1]. Ce nouveau parti politique, fondé début 2021 par un groupe de jeunes ingénieurs, entend défendre un ensemble de mesures radicales nécessaires à l'adaptation de notre société face au changement climatique. Et parmi ces mesures, loin d'être marginalisées, figurent certaines pistes de rénovation démocratique de nos institutions.

De ce que j'ai retenu de nos conversations, toujours agréables et constructives, nous partageons entièrement le constat de l'échec des politiques actuelles à prendre à-bras-le-corps les crises environnementales. Pourtant, ils ont pour leur part clairement choisi l'engagement partisan, centré autour d'un programme d'action concret, admirablement complet.

Au-delà de la volonté de remporter des élections, à termes, pour mettre leurs idées en pratique, leur objectif à court terme est de contribuer à faire évoluer la « fenêtre d'Overton ». Concept inventé par le lobbyiste et politologue américain Joseph Overton, selon lequel les idées jugées acceptables par le plus grand nombre au sein d'une société et les politiques publiques qui peuvent leur

---

[1] Toutes les informations sont à retrouver sur equinoxe2022.fr

être associées constituent un ensemble, une « fenêtre », qui évolue au cours du temps.

Pour un nouveau parti politique comme Équinoxe, défendre, diffuser un programme portant des propositions radicales autour de la démocratie et de l'écologie permettrait de rendre plus acceptables des propositions de réformes paraissant alors plus modérées.

Il me semble que Nicolas Todorovic et moi avons très tôt pris acte de cette différence de vue sur la stratégie à adopter. Cela ne nous a pas empêché de continuer de suivre avec intérêt et bienveillance nos projets respectifs, assez différents pour s'observer, se comparer et apprendre l'un de l'autre.

Ce n'est cependant qu'après la fin de la période électorale, après avoir pris le temps d'y réfléchir, que j'ai compris ce qui me gênait dans cette stratégie « overtonnienne ». Elle surestime l'élasticité de la fenêtre

Nous assistons aujourd'hui à un éclatement du spectre des convictions politiques et, cet éclatement ne trouvant aucun cadre dans lequel s'exprimer de manière saine, il empêche toute avancée. On le voit de la manière la plus criante à chacune de nos élections présidentielles à deux tours : comment assurer une juste représentation nationale lorsque les deux candidats accédant au second tour ne représentent même pas la moitié du corps électoral ?

Pour filer la métaphore, la priorité ne serait donc plus tant de décaler la fenêtre d'Overton que de reconstruire le chambranle de la fenêtre.

Un autre exemple d'engagement, peut-être plus proche de ma situation personnelle, me fut donné lors d'un débat organisé par des jeunes de Sciences Po. Pour discuter des jeunes et de leur rapport à la politique (entre autres), je fus placé à coté de Guilhem

Carayon, alors président des Jeunes Républicains et porte-parole de Valérie Pécresse.

Nous ne nous sommes parlé que brièvement mais j'ai réellement vu en lui un *alter ego*, un autre moi. Pas du tout par les idées politiques, que nous ne partageons vraisemblablement pas, mais par les modalités de l'engagement. Lui avait décidé d'inscrire ses convictions dans le cadre d'un parti politique existant, parti qu'il espère changer et amener au pouvoir afin d'appliquer la politique qu'il croit être la meilleure pour la France.

Le thème de la rénovation de nos institutions se situant au cœur de mon engagement, me fut posée à de très nombreuses reprises la question de mes liens avec certains partis politiques, en particulier la France insoumise. Il faut dire ici que Jean-Luc Mélenchon a eu à la fois le mérite de repopulariser le thème de la constituante et le tort de l'attacher à son nom et au camp qu'il représente.

Mais il faut reconnaître que les idées que défendent la France insoumise sont loin d'être partagées par la majorité. C'est une réalité que connaissent tous les partis politiques actuels, dont les programmes politiques ne convainquent pas au-delà de leurs bases militantes.

Aucune de ces rencontres ne me fit donc changer d'avis. J'étais convaincu depuis le début qu'un projet de rénovation démocratique de nos institutions n'avait de chance d'être largement partagé (condition impérative de son succès) qu'à la condition nécessaire d'être déconnecté d'un programme de gouvernement, minoritaire par définition et ces rencontres ne firent que renforcer cette conviction. Mon engagement serait donc « apartisan ».

La genèse du projet

À la suite des mails de présentation du projet que j'avais envoyés en avril 2021, je reçu une réponse, brève mais marquante, de Victor Vauquois. Ce dernier est scénariste pour la chaîne YouTube *Partager c'est sympa*, qui met en valeur des solutions et des initiatives écologiques depuis quelques années.

> Salut Martin,
> Il y aurait beaucoup à dire mais rapidement, non merci, on préfère les projets plus collectifs, tu reconnaitras que c'est assez étrange de se lancer bille en tête dans la présidentielle tout seul.
> Bon courage cependant

Encouragement pour la volonté d'engagement politique, mais incompréhension devant une candidature à l'élection présidentielle, portée par une personne seule (ou presque), jeune et inexpérimentée. Réaction largement compréhensible mais frustrante lorsqu'on est dans l'optique d'avoir un engagement apartisan **et** électoral, comme l'expliquait peut-être trop rapidement le manifeste.

À la suite de ma réflexion de l'automne 2020, il m'a également été conseillé de m'engager auprès d'une association qui défendrait le renouvellement de notre démocratie. Ainsi, le philosophe Dominique Bourg répondit à mon mail de présentation :

> Cher Monsieur,
> Merci de votre envoi.
> Je suis grosso modo d'accord avec vous, mais pour un tel projet mieux vaut avoir le soutien d'une des associations qui s'occupent de démocratie.

Il en est.
Bon vent pour cette initiative, cordialement.
D. Bourg

Seulement, aucune des associations que j'ai pu rencontrer ne remplissait les deux critères que je recherchais.

Une première catégorie d'associations remplit le critère apartisan. L'association Démocratie Ouverte, par exemple, promeut « *toutes les initiatives qui œuvrent pour gagner en pouvoir d'agir, mieux décider ensemble et mettre à jour nos systèmes politiques.* » Ils m'ont invité d'ailleurs à la soirée de lancement de leur campagne « *faire gagner la démocratie en 2022* » mais ne pouvaient pas, par principe, soutenir officiellement une candidature particulière.

J'ai également pu discuter à de multiples reprises avec André Bellon, ancien député des Alpes-de-Haute-Provence et fondateur de l'association Pour une Constituante. Cette dernière, plus petite que DO mais plus claire dans son objectif, refuse de s'engager dans un processus électoral qui légitimerait l'institution présidentielle qu'elle entend abattre.

Là encore, aucun de mes interlocuteurs n'a entamé ma conviction instinctive que ce pari démocratique n'aurait de légitimité que s'il s'imposait par les urnes, et plus précisément par l'élection qui est la clé de voûte de nos institutions, l'élection présidentielle.

Au fil des conversations et des échanges, pourtant souvent critiques, se renforçait ainsi la conviction que la restauration de la confiance entre la population et ses gouvernants, clé de l'efficacité d'un gouvernement démocratique, ne pourrait être obtenue que par une franche rénovation de nos institutions, indépendante de tout programme partisan, et validée par l'élection centrale de nos institutions, la présidentielle. Une candidature apartisane et présidentielle, donc.

Transparaît ici, déjà, ce qui fera l'originalité du projet, sa force et sa faiblesse.

d. Ma candidature

Tout vouloir faire vite et soi-même, voilà sûrement le propre de la jeunesse, ou de ma jeunesse pour ne pas faire de généralisation. Cela explique en partie pourquoi je n'ai jamais réussi à m'organiser et à constituer une réelle équipe capable de porter ce projet. Mais cette précipitation inhérente à mon jeune âge n'explique pas tout.

À la fin du printemps 2021, une fois le projet relativement bien défini, moins d'une année nous séparait de la présidentielle. Il fallait donc alors faire des choix de priorité pour lancer la machine le plus vite possible et voir une candidature naître. À cette époque, ma candidature n'était pas encore certaine et nous imaginions le projet repris et porté par une personnalité connue.

L'enjeu était alors de voir un ou une candidate accéder à la présidence de la République pour y lancer ce travail d'assemblée constituante et non pour y appliquer un programme de gouvernement. Comme en Tunisie ou au Chili, l'objectif était d'offrir aux aspirations sociales la possibilité d'aboutir à un changement constitutionnel, tout en tirant le meilleur des avancées et des échecs de ces différentes expériences.

Conscients de mes faiblesses, nous recherchions donc le candidat idéal :

Candide en campagne

La personne qui portera ce projet dans le cadre des prochaines élections présidentielles devra a minima remplir les critères suivants :

- Être intimement convaincu de la pertinence du projet.

- Être capable d'en construire l'approfondissement, en s'appuyant notamment sur la réunion d'experts, de manière à répondre à l'ensemble des interrogations soulevés par la nature inédite du projet.

- Être capable de le défendre face à n'importe quel contradicteur.

- Être capable de s'entourer d'une équipe compétente et efficace dans l'objectif de placer la question de la démocratie au centre du débat public et de remporter les élections.

- Être capable d'obtenir le parrainage de plus de 500 maires ou autres élus, prêts à lui accorder leur confiance.

- Être enfin capable d'incarner le projet dans l'ensemble des volets d'une campagne présidentielle, et en particulier dans ses dimensions médiatique et financière, en compétition avec les autres candidats.[1]

Or le temps jouait contre nous et il nous fallait trouver rapidement un candidat définitif. Du côté des associations ou des personnalités que je contactai, peu me répondirent et je me demande encore combien ont lu le manifeste que je leur ai envoyé. Parmi ces derniers, Paul Alliès, professeur de sciences politiques et défenseur historique d'une VIe République, qui me répondit le 18 avril :

Bonjour Martin,

Merci pour cet envoi. J'ai bien lu attentivement le texte et voici l'essentiel de mes réactions:

- Il est très bien écrit, documenté et solide.

- je partage le diagnostic d'ensemble sur la nature de la crise et les conditions d'un combat collectif pour affronter la transition climatique.

---

[1] Première version du manifeste, avril 2021

La genèse du projet

- je trouve stimulante et pertinente la démarche, jusques et y compris la définition du processus constituant.

Ceci étant je ne crois pas qu'il soit possible de rendre compatible la réunion d'une assemblée constituante « dans le cadre des institutions actuelles ». J'ai moi-même (et la C6R aussi) défendu un processus constituant lié à l'engagement d'un ou une candidate dans un programme de révision de la constitution à partir du référendum de l'article 11. Il participe du même souci d'association des citoyens à la réécriture de la Loi fondamentale. Je crains toujours autant que la revendication d'une constituante (fut-ce avec une réelle définition des conditions de sa composition et de sa réunion) ne permette pas de mobiliser le nombre suffisant d'électeurs requis pour une telle opération.

Mais cela reste pour l'instant un débat théorique, tant les candidats déclarés ou putatifs (tous partisans), s'ils évoquent une 6° République, la ramènent à un pur fétiche.

Je reste pourtant bien d'accord que la question sociale comme celle des libertés est profondément liée à la question de la confiance dans les institutions. En cela nous sommes parfaitement d'accord.

A plus donc et bon courage.

Paul Alliès

Ma réponse du 19 avril :

Cher Monsieur,

Merci beaucoup pour cette réponse et pour vos réflexions qui me sont très utiles.

Ma démarche s'appuie effectivement sur deux convictions, deux axiomes difficiles à démontrer :

Premièrement je fais le pari que les institutions actuelles auront assez de souplesse pour accepter la réunion d'une assemblée constituante face à la pression des électeurs.

Deuxièmement, je fais le pari qu'une candidature armée uniquement de cette proposition pourrait susciter l'adhésion d'un nombre suffisant d'électeurs en 2022. La prochaine élection présidentielle sera particulière à bien des égards (sortie de la crise sanitaire, pression de l'extrême droite etc.) et je pense qu'une telle candidature pourrait tirer son épingle du jeu.

Cependant, comme vous l'avez justement remarqué, le débat reste théorique tant qu'aucun candidat incarnera cette proposition unique. C'est pourquoi mon objectif est de trouver un candidat le plus rapidement possible. Débuter une réelle campagne autour de ce projet et d'un candidat permettrait d'évaluer les probabilités des paris évoqués ci-dessus.

Mon objectif aujourd'hui est donc de partager ce projet dans l'espoir qu'il suscite l'intérêt d'une personnalité et que celle-ci, convaincue, se décide à incarner la proposition unique de création d'une assemblée constituante en 2022. Peut-être est-ce trop candide de ma part d'imaginer un tel avenir pour ma proposition. Croyez-vous cet espoir vain ? ou pensez-vous à une personnalité susceptible d'être intéressée ?

Merci encore de l'attention que vous portez à ce projet.

Respectueusement,

Martin Rocca

Le 20 avril, j'eus également le plaisir de recevoir une réponse de la sociologue très médiatisée Dominique Méda :

C'est un texte très intéressant. Je partage vos vues. Je pense depuis longtemps que c'est la voie raisonnable. Et je pense que beaucoup de personnes sont sur cette position. Mais je ne crois pas possible de le mener. Nous allons déjà avoir un mal fou à obtenir une candidature unique de la gauche écologiste. C'est revigorant de voir des gens de votre âge porter cela. Bravo.

Dominique Méda

Je lui répondis le lendemain :

Chère madame,

La genèse du projet

Merci beaucoup pour votre réponse, qui me pousse à continuer mon engagement.

Je me permets d'ajouter que je ne suis pas certain qu'une candidature unique de la gauche écologiste puisse susciter l'adhésion d'une majorité de la population. Elle pourrait tout au plus remporter les élections dans le cadre peu démocratique de l'élection présidentielle à deux tours. Mais là encore, la persistance du décalage entre les positions du gouvernement élu et celles de la population ne ferait que renforcer la frustration sur laquelle s'appuie l'extrême droite, et desservirait in fine la cause de l'environnement notamment.

C'est pourquoi je crois nécessaire le projet d'une candidature centrée uniquement sur la rénovation démocratique des institutions. Comme vous le remarquez justement, il n'est peut-être pas possible de le mener. Mais pourquoi pas ? Somme toute, ce débat reste théorique tant qu'aucun candidat incarnera cette proposition unique.

Mon objectif aujourd'hui est donc de partager ce projet dans l'espoir qu'il suscite l'intérêt d'une personnalité ou d'un collectif afin de régler la question de l'incarnation de cette proposition unique de création d'une assemblée constituante en 2022. Débuter une réelle campagne autour de ce projet et d'un candidat permettrait d'en évaluer les chances. Peut-être est-ce trop candide de ma part d'imaginer un tel avenir pour ma proposition. Croyez-vous cet espoir vain ? ou pensez-vous à une personnalité ou à un collectif susceptible d'être intéressé ?

Merci encore de l'attention que vous portez à ce projet.

Respectueusement,

Martin Rocca

Je n'ai jamais reçu d'autre réponse.

Le mois de mai 2021 fut peut-être le premier moment de découragement passager. Le projet avait pris assez d'ampleur pour que tous mes plus ou moins proches aient été mis au courant de mon « ambition présidentielle » mais pas assez pour qu'ils s'y intéressent réellement. Or le faible nombre de réponses aux dizaines de mails que j'avais envoyés me confirmait ce que nous savions déjà tous : aucune personnalité ne reprendrait un tel projet.

Si je voulais voir le projet exister, il me fallait donc assumer son ambition jusqu'au bout et accepter d'essayer de l'incarner. Je reste encore marqué par l'inquiétude que je cru sentir chez mes parents à cette époque. Pour eux, rien n'était encore acté et le retour à l'université était encore une option. L'ai-je réellement envisagé de mon côté ?

Probablement pas. Nous étions alors déjà persuadés, Adrien et moi, d'avoir touché du doigt une idée novatrice qui n'attendait que d'être testée pour révéler son potentiel politique (ou l'absence de celui-ci). Déjà à l'époque, ma plus grande crainte ne résidait non dans l'échec mais dans la possibilité de ne pas pouvoir tester mon hypothèse. Le projet ne pouvait donc pas s'arrêter par mon désistement avant son terme.

Je reçus à ce moment clé le soutien aussi inattendu qu'inéquivoque de mon grand-père. Quel sens pourrait avoir ce projet s'il était porté par un vieux briscard de la politique, qui l'entacherait forcément de son passé politique et de ses casseroles. Il est d'ailleurs très ironique d'imaginer que je pensais à cette époque à Nicolas Hulot, écologiste reconnu, alors personnalité politique préférée des Français, et accusé en novembre 2021 de viols et d'agressions sexuelles par plusieurs femmes.

Plus fondamentalement, est-ce que la force de ce projet n'était pas simplement de prendre toute sa place dans le débat présidentiel, en écartant d'emblée toute volonté de remporter l'élection ? Sous cet angle, cette candidature nécessitait de l'énergie, une forte conviction et une virginité politique parfaite. C'était tout ce que j'avais. Le point de vue de mon grand-père, affirmé du ton de l'évidence lors d'un dîner familial, mit le point final à cette crise. J'allais bel et bien essayer de me présenter à la prochaine élection présidentielle pour y porter l'ambition d'un renouvellement démocratique et apartisan de notre système politique.

Je relançai donc toutes celles et ceux qui m'avaient répondu après avoir pris la décision de me lancer dans cette campagne pour essayer de porter le projet à son maximum. Le 27 mai :

Cher Madame/Monsieur,
Suite à notre échange du mois dernier, je me permets de vous tenir au courant de la suite de ce projet.

Après avoir pris en considération les différents retours que suscitèrent mon manifeste, j'ai décidé d'essayer d'incarner ce projet en me présentant à la prochaine élection présidentielle. Sans candidature réelle, ma démarche ne serait qu'une autre critique théorique de la Ve République, et certainement pas la meilleure. Vous trouverez une plus longue justification de cette décision dans la cinquième partie de la nouvelle version de mon manifeste, que je vous envoie ci-joint.

Je pars donc dès à présent sur les routes de France à la recherche des parrainages de 500 maires et élus. Cette recherche sera également l'occasion pour moi de mesurer l'engouement potentiel que susciterais une telle candidature citoyenne.

Je comprends votre scepticisme à l'égard de la faisabilité de ce projet, mais j'entends néanmoins essayer de le mener à bien, motivé par la force de ma conviction. Dans le pire des cas, ma démarche contribuera modestement à replacer les questions de la démocratie et des institutions au cœur du débat politique.

Respectueusement,
Martin Rocca

Convaincre les élus

a. Le schéma sourire-intérêt-adhésion (1er tour :
    juin-août 2021)

Pour planifier la première partie du voyage, Adrien et moi avions tracé une ligne entre la Gironde et la Normandie, où il avait grandi et où sa famille vit encore. Nous comptions également passer par la Charente-Maritime, où réside un de mes amis, et par l'ouest du Poitou où habite une partie de ma famille.

Notre premier rendez-vous était fixé à Pamplie, dans les Deux-Sèvres (79), le lundi 7 juin à neuf heures. Adrien et moi sommes donc partis à cinq heures du matin de Lacanau, surexcités à l'idée de mettre enfin en application cette campagne folle que nous imaginions depuis des mois. Je me souviendrai longtemps du lever de soleil sur le pont d'Aquitaine ce lundi matin.

À Pamplie nous accueillit Patrick Pétorin, maire de cette commune de 250 habitants. Masqués, covid oblige, nous avons là présenté le projet pour la première fois à un maire. Je me souviens particulièrement bien du bâtiment et de la pièce où nous étions, de la montée d'adrénaline qui précéda notre entrée et de l'émerveillement qui suivit notre sortie.

Monsieur le maire fut incroyablement gentil. À l'écoute de notre démarche, il nous parla également de son expérience en tant que maire d'une petite commune. Âgé d'une cinquantaine d'années, Pétorin travaillait toujours à la boucherie du supermarché de la ville d'à côté et en était très fier. À Pamplie nous étions tombés sur l'idéal-type du maire de village tel que nous nous l'imaginions. Une personne mesurée dans ses propos et passionnée de politique, dévouée à sa commune mais conscient des enjeux plus larges comme le prouvait son engagement avec la majorité Les Républicains au niveau du département.

Il me semble essentiel de souligner ici le double impact qu'eut son soutien sur le projet. Premièrement, d'un point de vue personnel, il faut considérer le sérieux de sa première écoute au regard de notre situation de l'époque. Pétorin nous jugea indépendamment de toutes considérations *médiatiques*. Alors que le projet avait paru délirant à certains de nos proches, le maire nous rappelait, à Adrien et à moi, que nous étions loin d'être déconnectés de la réalité. Au contraire, notre discours pouvait être très bien accueilli par des personnes occupant des postes de responsabilité, comme le prouvait l'intérêt qu'il nous montrait.

Deuxièmement, le retour positif de Monsieur Pétorin nous ouvrait une nouvelle perspective concrète de promotion de notre projet. Contrairement à ma réflexion personnelle, qui s'appuyait sur la question de l'environnement pour aborder le sujet institutionnel, lui s'appuyait sur des motifs sociétaux pour arriver à la même conclusion. La montée de l'individualisme et la hausse des tensions nécessitent de retisser un nouveau lien de confiance entre gouvernants et gouvernés, quitte à, pourquoi pas, modifier la constitution.

Notre intuition prenait prise avec la réalité. Le rassemblement d'une large majorité, dépassant les clivages traditionnels, se ferait sur l'ouverture de la question institutionnelle.

Nous nous revîmes à l'hiver suivant alors que je repassais dans la région, et le maire me confirma son intérêt pour le projet. Patrick Pétorin fut finalement l'une des neuf personnes à parrainer officiellement ma candidature devant le Conseil Constitutionnel.

Le 16 juin, alors que nous venions d'arriver en Normandie pour rencontrer des maires proches de Rouen, je reçus un mail extraordinaire qui influa sur le projet comme aucun autre.

> Bonjour Martin et Adrien,
> Je viens de vous découvrir sur internet et je trouve votre démarche très belle.
> Je serais très heureux de vous organiser 4 ou 5 rendez-vous avec des maires de mon département.
> Je suis dans une petite commune où vous serez très bien reçus et réaliser votre premier rendez-vous avec notre très jeune maire Elise Boulon.
> N'hésitez pas à m'appeler pour en discuter.
> Très cordialement.
> Marc Batard

Avec un seul article de la presse quotidienne régionale et une chaîne Youtube à 77 abonnés, c'était bien la première fois qu'un inconnu nous contactait directement. Quelle surprise alors de découvrir que Marc Batard n'est pas un inconnu. Guide de haute montagne, il est le premier à avoir atteint le sommet de l'Everest sans oxygène artificiel en moins de 24 heures et projetait alors de regrimper le plus haut sommet du monde en mai 2022, à l'âge de 70 ans.

Après avoir rencontré des édiles à travers les Charentes, le Poitou, les Pays de la Loire, la Normandie, la Dordogne et la Corrèze, hébergés par de la famille ou dormant au camping, le cap fut mis fin juillet sur l'Allier où habite Marc. Nous avions été récemment rejoints par Manon Chevalier, une amie d'Adrien qu'il avait rencontrée à Sciences Po. Originaire de la Drôme, elle étudiait l'urbanisme et voulait s'impliquer dans ce projet qui l'intéressait.

Marc nous accueillit chez lui où nous fîmes la rencontre de son mari Deny, ainsi que de sa sœur et de sa compagne. S'ensuivit une semaine passionnante, humainement très riche, parcourue de discussions intergénérationnelles animées par beaucoup de gentillesse. Comme promis, Marc nous présenta à quelques maires de sa région, et notamment à Élise Boulon, agricultrice et maire de sa commune, qui finit par parrainer officiellement ma candidature.

Je mesure évidemment le risque que prit Marc de nous inviter et je ne pourrai jamais le remercier assez de nous avoir ainsi tendu la main. Il y eut évidemment quelques moments de scepticisme, notamment de la part de ses proches, alors que Marc est bien connu pour sa propension à se disperser et à mener mille projets de front. Mais en réalité, davantage même que le sérieux du projet, c'est une entente tout à fait amicale qui nous permit de dépasser les premières appréhensions.

Je passai la première semaine du mois d'août entre l'Isère et la Drôme, chez ma cousine à Grenoble et chez les parents de Manon près de Romans-sur-Isère. La plupart des mairies étant fermées à cette époque de l'année, j'en profitai pour souffler un peu. Adrien et Manon m'avaient momentanément quitté.

Je relevai la tête du guidon pour regarder le paysage et c'est finalement sur les bords du lac de Serre-Ponçon que je me promis de refaire un jour, bientôt, un tour de France. Non plus pour des raisons politiques mais pour y passer plus de temps, retourner voir la famille que j'ai nombreuse et éparpillée, découvrir paysages et habitants que je ne faisais alors qu'entre-apercevoir.

Le rythme des rencontres reprit dès la deuxième semaine d'août, notamment sous l'impulsion de mon grand-oncle qui réside à Manosque. Henri Rocca, l'oncle de mon père, a été maire de Sainte-Tulle (04) entre 1978 et 1989 et conseiller général du canton de Manosque-Sud-Est entre 1985 et 1992. Il nous accueillit à la mi-août alors que je voyageais accompagné de mes amis Richard et Capucine, tous deux étudiants, respectivement en agronomie à Toulouse et en droit à Paris.

Nous dormions alors dans un camping à côté de Manosque mais je voyais mon oncle tous les jours. J'eus l'heureuse surprise de réaliser qu'il suivait activement le projet et son développement. Sans en partager toutes les idées, il en possédait une vision particulièrement précise. Il est vrai que, en tant qu'ancien membre du PCF, Henri a une appétence pour la question, aujourd'hui trop souvent remisée, de la structure de nos institutions.

Pour notre première rencontre avec un élu local, Henri m'introduisit auprès de Daniel Spagnou, maire de Sisteron (04) depuis 1983, ancien député, conseiller général et conseiller régional. Pour la première fois, j'assistai à une présentation politique de ma démarche et non pas uniquement personnelle. Henri exposa le projet dans des termes on ne peut plus limpides et me laissa la parole après avoir livré un exposé remarquable.

Aucun élu des Alpes de Haute Provence ne finira par parrainer ma candidature mais je garde un souvenir extrêmement positif de la semaine que j'y ai passée. Mon oncle et moi n'avions jamais discuté du projet auparavant et il m'apportait la preuve vivante et rassurante que le propos du manifeste pouvait être compris clairement.

La semaine fut aussi marquée par des problèmes plus triviaux. L'outil le plus précieux dont je disposais était la Dacia rouge vif dont j'avais fait l'acquisition pour 2000 euros au début de mon périple. La voiture nous servait de mode de transport, de bureau, de cantine et parfois même de chambre… La casse de son démarreur qui nous immobilisa momentanément dans la chaleur du sud vint nous rappeler combien notre organisation était fragile. Heureusement, mon oncle eut la gentillesse de me prêter sa voiture le temps des réparations.

Lors de ces rencontres estivales s'est dessiné un schéma récurrent : sourire-intérêt-adhésion. Tous les élus ayant trouvé le temps de nous rencontrer le firent à bras ouverts. Face au désintérêt d'une partie grandissante de la jeunesse et de la population en général, voir des jeunes s'investir ne peut que donner du sens à leurs parcours d'engagement personnels. Mais cette posture bienveillante et légèrement paternaliste s'effaçait presque toujours au fil du discours. Une fois l'attention de mon interlocuteur captée, je voyais les sourires s'estomper progressivement, les sourcils se froncer légèrement et la réflexion s'enclencher.

Je découvris au fur et à mesure de mon voyage comment profiter de l'atout d'être sous-estimé en rentrant dans la pièce. Ma jeunesse, mon allure, ma démarche même, rien ne prédisposait les maires à entendre un projet aussi solide, évidemment critiquable mais néanmoins cohérent.

Je me rendis compte de ce phénomène à la fin de l'été lors d'un rendez-vous avec Laurent Guillemin, un des adjoints au maire de Bordeaux que je rencontrai le lundi 30 août dans son bureau. Il écouta mon projet avec beaucoup de recul et de bienveillance avant de commencer à m'en expliquer les failles. Seulement, toutes les remarques qu'il me fit m'avaient déjà été objectées et trouvaient donc dans mon argumentaire une réponse, pas forcément satisfaisante mais toujours adéquate.

La bienveillance première se transformait donc souvent en intérêt au fil des entretiens. Le jeune homme que j'étais, voyageur motivé, s'estompait derrière un projet politique inédit et *discutable*. La qualité du débat s'élevait donc souvent au fil de la conversation et j'arrivais, à mesure que l'expérience des rendez-vous s'accumulait, à accélérer le rythme du passage sourire-intérêt.

Bien sûr tous les maires ne passaient pas par ces phases. Certains, comme le maire de Castelculier (47), Olivier Grima, m'abordaient plus directement avec un intérêt politique pour le projet, alors que d'autres ne dépassèrent jamais le stade du sourire.

La fatigue fut indéniablement l'une des plus grandes difficultés lors de cette période estivale. Une fatigue physique causée par les trop nombreuses heures de conduite et les nuits passées sous la tente, mais surtout une fatigue psychologique accentuée par l'immensité du travail à accomplir, par la sensation de ramer dans le vide et par la répétition des mêmes arguments face aux mêmes objections, aux mêmes incompréhensions.

Sur le fond, deux éléments revenaient le plus souvent. Premièrement étaient évoqués les liens du projet avec la gauche radicale. Combien de fois m'a-t-on interrogé sur la différence de ma proposition et celle de Jean-Luc Mélenchon ! Le principe même de ma candidature était de déconnecter la nécessité de réforme institutionnelle de tout programme partisan. Mais présentée ainsi, la constituante apparaît trop souvent comme le cheval de Troie de tel ou tel groupement politique et suscite donc beaucoup de méfiance.

Était également défendue la stabilité de la Ve République, en particulier face à une IVe République fustigée comme ingouvernable. Je m'étonnais de voir ainsi le mythe fondateur du régime gaulliste perdurer à travers les générations. Sans espoir ni capacité de défendre convenablement la IVème, je m'efforçais plutôt de démontrer le mirage de notre système actuel qui entretient surtout la stabilité de la hausse des scores de l'extrême droite aux élections.

Sur la forme, beaucoup d'élus nous interrogèrent sur le caractère collectif du projet. Je me souviens de Madame la maire de Monflanquin (47), Nathalie Founaud-Veysset, qui s'étonna de ne voir que des hommes (j'étais alors avec Richard, Marc et Deny) et qui nous demanda combien de personnes comptait l'association en son sein… Plus marquant encore, l'absence de médiatisation nationale fut souvent évoquée, donnant lieu à suspicion. Si le projet était sérieux, pourquoi la télévision et les journaux nationaux n'en parlaient-ils jamais ?

Un rendez-vous à la mairie d'Armissan, dans l'Aude, près de Narbonne où j'étais logé chez des amis, me fit prendre conscience de mon état de fatigue à la fin août. Il avait été fixé à 17 heures et nous avions déjà rencontré les maires de Cazouls-lès-Béziers (34) et de Ginestas (11) dans leurs mairies respectives plus tôt dans la journée.

José Frère, maire d'Armissan à l'époque, nous accueillit avec beaucoup de bienveillance. Non seulement il comprenait les objectifs du projet mais il était désireux d'en savoir plus. Deux mois plus tôt, j'aurais eu plaisir à échanger avec lui et aurais fait tout mon possible pour le convaincre de la pertinence de la solution que je prétendais apporter au problème démocratique, qu'il percevait lui aussi. Mais jamais mes réponses ne furent aussi mauvaises. Je cafouillais, laissais Richard qui m'accompagnait répondre autant qu'il le pouvait et nous finîmes par écourter l'entrevue.

Quelques jours plus tard, j'eus la chance de faire une des rencontres les plus marquantes de ce projet. Nous nous trouvions dans le Lot-et-Garonne pour les derniers jours du mois d'août, basés dans un camping au bord du Bourbon, petit affluent de la Garonne. J'eus alors le plaisir d'être recontacté par la secrétaire du maire d'Agen, Jean Dionis, que j'essayais de joindre sans trop d'espoir depuis plusieurs jours.

Agen est une ville moyenne, de plus de 30 000 habitants, et sortait donc largement des critères de recherche que nous nous étions fixés. C'est pourquoi je fus très agréablement surpris par les réels efforts que fit le secrétariat pour réussir à trouver un créneau horaire qui me conviendrait dans l'emploi du temps, chargé, de Monsieur le maire.

Je me retrouvai donc, le mardi 24 août, à 16h30 précises, dans la mairie d'Agen. Jean Dionis, maire depuis 2014, est aujourd'hui membre du Modem et soutien du président de la République. Notre échange dura moins d'une heure mais me laissa un souvenir prononcé à plusieurs niveaux. Premièrement, Monsieur Dionis fut le premier maire à se soucier de ma santé. Au-delà des questions de politesses, je ressentis un intérêt sincère et paternaliste pour mon état de santé mental face à l'importance de la tâche que je m'étais assignée. Rien que pour cela, je lui en suis reconnaissant.

Deuxièmement, je me souviens qu'il énonça ses craintes de voir mon ambition se fracasser sur la réalité du monde politique. Il me sembla l'entendre insinuer que je rencontrerais, en me rapprochant du cercle de la politique nationale, des pratiques et des personnes moins honnêtes que l'était notre discussion. Ses craintes étaient cependant mal fondées. Ma volonté d'atteindre la scène nationale était dénuée de tout espoir d'y trouver de la vertu.

Ni lui ni moi n'aurions cependant pu prévoir que mes plus grandes désillusions viendraient du monde des médias.

Et finalement, je garde en mémoire mon incapacité à le convaincre. Le convaincre non pas de me soutenir publiquement lors de ce projet qui était encore largement à venir, mais de la nécessité même de renouveler notre démocratie en dehors du cadre partisan actuel.

J'ai par la suite retrouvé à plusieurs reprises ce sentiment de *doute* face à mon incapacité apparente à faire changer d'avis des interlocuteurs pourtant compréhensifs. L'engouement et les encouragements de ceux à qui j'expliquais mon projet me permirent cependant toujours de dépasser ces hésitations et d'aller de l'avant.

b. Le creux de la vague – l'organisation (septembre-décembre 2021)

De retour à Paris début septembre : l'actualité politique reprend ses droits après la pause estivale. Mon objectif était alors non seulement de percer sur la scène médiatique nationale mais également de m'organiser plus efficacement pour accélérer la recherche des promesses de parrainages.

Notre stratégie de rentrée : créer une association, ouvrir un compte bancaire, obtenir un prêt, ouvrir une plateforme de dons, louer un local et recruter deux personnes, en stage idéalement, l'une pour la communication et l'autre pour l'organisation des rendez-vous avec les élus.

La première partie fut relativement simple. L'association Constituante 2022 fut officiellement créée fin septembre avec pour seuls membres mon ami Richard au secrétariat général et moi-même comme président. Son but n'était alors pas encore clairement défini. L'association, qui existe encore, avait-t-elle vocation à rassembler des militants, des soutiens, à dépasser le court-terme du projet, ou simplement à servir d'étiquette momentanée ? Elle nous permit en tout cas de nous présenter honnêtement comme membres d'une association visant à mobiliser pour la démocratie à une époque où partis politiques et objectifs électoraux sont perçus avec méfiance.

Pour ce qui est de l'association de financement, structure distincte obligatoire à utiliser lors des campagnes électorales pour séparer les bilans de campagnes des bilans normaux des partis politiques, l'affaire fut légèrement plus complexe. La déclaration ne peut pas se faire en ligne et le greffe des associations de Paris, sur l'île de la Cité, nous renvoya au 36 rue des Morillons, dans le 15e arrondissement. Malgré deux déplacements, Adrien et moi n'avons jamais réussi à y voir personne.

Cependant, après avoir envoyé un mail à la préfecture de Paris, je fus contacté directement par téléphone pour être aidé dans ma démarche. L'Association de financement électoral de la campagne de Martin Rocca (au nom typé) fut finalement créée fin octobre. Elle était présidée par Manon, avec Adrien comme secrétaire général.

Au niveau des comptes bancaires, ni la BNP, ni le Crédit Mutuel ni la Société Générale ne répondirent favorablement à nos demandes. J'eus cependant la chance de rencontrer des personnes aussi motivées que compétentes à La Banque Postale. Il faut alors nous imaginer, Manon et moi, au dernier étage du centre financier de LBP, dans une salle de réunion avec trois banquiers nous faisant face. Les trois professionnels semblent sincèrement motivés par notre démarche et désireux de nous soutenir comme ils le peuvent. Nous garderons, jusqu'à la fin du projet et la fermeture du compte en septembre 2022, d'excellents rapports.

Mais cette organisation à La Banque Postale n'aurait pas été possible sans l'action de celui qui deviendra l'un des principaux protagonistes du projet. C'est en effet par l'entremise de Sidi Cherif Haidara, que nous avions recruté fin septembre, qu'a pu se faire ce rendez-vous à la banque.

Nous avions publié deux annonces sur différents sites de recrutement.

Stagiaire Communication Réseaux Sociaux Constituante2022
Le stagiaire aura pour mission d'accompagner Martin Rocca pour :

La communication digitale et sur les réseaux sociaux (stratégie social média, co-animation des RS, création et publication des contenus sur les comtes, suivi des contacts e-influenceurs, veille et benchmark...)
La communication presse (veille, suivi des retombées médias, actualisation de la base presse...)
Le développement du projet

Stagiaire Développement Projet Constituante2022
Le stagiaire aura pour mission d'accompagner Martin Rocca (www.rocca2022.fr) dans la présentation de sa candidature à l'élection présidentielle de 2022 dans les domaines suivants :
-gestion de son agenda
-gestion des relations avec les élus locaux
-gestion des relations avec les bénévoles
-gestion des relations avec les donateurs
-secrétariat et l'administration de l'Association
-gestion des différents prestataires de l'Association

Candide en campagne

-développement du projet

Le plus utile, et de très loin, s'avéra être le réseau LinkedIn où candidatèrent 45 personnes pour la première annonce et 14 pour la seconde. À 21 ans, je publiais une annonce de recrutement pour un projet que j'avais lancé. Autour de moi, tous mes amis de mon âge étaient en fin d'études ou à la recherche d'un emploi.

Parmi les CV reçus, quelques-uns nous marquèrent, Adrien et moi. Seuls deux entretiens furent finalement planifiés par visioconférence. Le premier, avec une étudiante en master de communication politique à l'Université Paris-Est Créteil, se passa très bien ; mais son école refusa finalement de signer face au manque de garanties d'apprentissage dans un tel stage. On aurait aimé rétorquer qu'il n'y a rien de plus formateur qu'avoir d'importantes responsabilités, un objectif ambitieux et toute la liberté pour essayer de l'atteindre, mais la décision ne nous appartenait pas.

Le second entretien eut lieu avec Sidi Cherif Haidara, un jeune homme de 28 ans au parcours éclectique : des études de philosophie, de sciences politiques et de communication et une inscription en master à l'Institut de relations internationales et stratégiques. Même s'il est un peu breton d'adoption (il habite Rennes) et qu'Adrien est normand, nous avions tout pour nous entendre.

Pour des raisons diverses, le master à l'IRIS et le travail sur le projet se sont avérés incompatibles, et Sidi a préféré s'engager entièrement avec nous plutôt que de continuer ses études. Je lui en serai toujours infiniment reconnaissant. Il a donc créé son auto-entreprise et nous avons établi un contrat de prestation de services en s'inspirant des contrats que j'avais pu signer les années précédentes en tant que livreur sous le statut d'auto-entrepreneur.

Sidi s'attela notamment à la refonte du site internet du projet. J'étais passé dès le mois de juin par la plateforme Wix, qui permet de créer des sites le plus facilement du monde et d'obtenir une adresse personnalisée pour quelques dizaines d'euros par an. Ainsi était apparu rocca2022.fr, qui offrait un premier aperçu du projet et la possibilité de télécharger le manifeste. Mais si créer un site est à la portée de tout le monde, le rendre utile et agréable est une tout autre histoire.

En cherchant à professionnaliser le fonctionnement du site à la fin de l'été, je me fis arnaquer par un prestataire qui m'offrit de refaire le site pour 500 euros. Il est toujours difficile d'admettre s'être fait avoir, mais il n'y a ici pas d'autres termes pour décrire l'opération. Le site fut refait rapidement mais il n'était pas plus utile ni plus agréable qu'avant comme j'ai un moment pu le croire, aveuglé par la supercherie. Sidi réussit à rattraper mon erreur et à refaire totalement le site du projet sous l'adresse désindividualisée constituante2022.fr.[1]

Tout l'automne 2021, et jusqu'à la fin du projet, Sidi mit toute son énergie au service du projet. Nous avons souvent eu des débats, parfois houleux, notamment sur la stratégie de « normalisation » qu'il voulait que nous adoptions, en me faisant porter chemise et cravate et en tentant de faire oublier mon âge. Mais nos échanges ont toujours été productifs et son aide essentielle.

Cette saison à Paris fut également marquée par certaines rencontres. J'obtins en septembre un rendez-vous avec Antoine

---

[1] Pour les plus curieux, le premier site est aujourd'hui consultable à l'adresse https://mrocca2022.wixsite.com/etpourquoipas et le deuxième réalisé par Sidi à l'adresse https://mrocca2022.wixsite.com/constituante2022. Les services de Wix n'étant plus payés, les deux sites sont aujourd'hui légèrement déformés.

Laurent, alors attaché parlementaire de Mathieu Orphelin. Député de Maine-et-Loire élu sous l'étiquette macroniste, ce dernier avait quitté le mouvement de la République en marche du fait de désaccords, notamment sur les questions d'écologie et de renouvellement des pratiques démocratiques. Je l'avais donc contacté dès le printemps pour lui présenter mon projet et Antoine Laurent m'avait répondu.

Nous nous sommes donc rencontrés le 13 septembre, au 101 rue de l'Université, là où les députés ont leurs bureaux. Dans la cafétéria du bâtiment, il me laissa exposer les tenants et aboutissants du projet qu'il semblait déjà connaître. Finalement, il est difficile d'estimer l'impact de notre discussion. Antoine Laurent me laissa parler la majeure partie du temps et ses positions restèrent pour moi assez floues. Ce qui est certain, c'est que je ne passai pas l'étape de la cafétéria

Il me semble que, sur le continuum du rapport à la politique, qui s'inscrit sur une échelle de la confiance, une ligne sépare ceux qui y croient assez pour s'engager au sein des institutions actuelles de ceux qui se méfient trop pour le faire. Antoine Laurent et moi-même nous situons probablement sur les côtés opposés de cette ligne, tout en étant très proches de celle-ci.

Bien conscient des limites du modèle parlementaire de la Ve République, mon interlocuteur était visiblement assez confiant dans la capacité de son député à faire évoluer certains points pour travailler à l'Assemblée. Là où de mon côté, il me semble plus utile d'essayer de faire évoluer notre système démocratique sans entrer dans une arène parlementaire aujourd'hui délégitimée.

A l'opposé de cette échelle de confiance : André Bellon, ancien député socialiste et aujourd'hui président de l'association Pour une Constituante. Je l'avais évidemment contacté dès le printemps 2021 pour lui faire part de mon projet et nous avions échangé par mails. Une rencontre à Paris au mois de septembre nous permit d'acter définitivement nos divergences.

Monsieur Bellon critique la Ve République depuis avant ma naissance, et je ne suis pas loin de partager ses vues sur notre système politique. Cependant, par refus de légitimer un régime qu'il décrie, Bellon refuse toute participation aux élections, surtout à la présidentielle. C'est là l'angle mort de la critique, certes cohérente, portée par l'association Pour une Constituante. Dès lors, le projet que je lui présentai perdait toute pertinence à ses yeux.

Plus généralement, je me suis rendu compte en portant ce projet qu'il existe en France une myriade d'associations défendant un changement institutionnel. Navire amiral de cette mouvance, le Mouvement Constituant Populaire s'efforce de faire vivre ce tissu associatif vivifié par les aspirations démocratiques d'une partie des Gilets jaunes.

Parmi celles-ci, j'ai échangé à l'automne avec une membre du parti Espoir RIC qui visait à défendre l'instauration du RIC constituant par une candidature à l'élection présidentielle portée par l'universitaire Clara Egger. Nos démarches étaient assez semblables et j'ai suivi leur campagne avec intérêt mais, au-delà de la différence entre le RIC et la constituante[1], nos stratégies médiatiques étaient différentes.

Je me rappelle enfin deux rendez-vous manqués, pris à l'automne, et qui ne purent jamais être honorés pour des raisons pratiques. Le premier avec Elie Hamdani, jeune conseiller municipal à Briançon (05), qui m'avait contacté sur Facebook. Le deuxième avec David Nicolas, maire d'Avranches (50), qui avait

---

[1] Différence expliquée dans le manifeste *Et pourquoi pas ?* en annexe

signé une tribune dans *Ouest-France* appelant à réformer notre système politique[1].

Je tenais à les mentionner ici, en premier lieu pour m'excuser de ne pas m'être mieux organisé, mais surtout pour rappeler le nombre de personnes potentiellement intéressées par une telle initiative. Et si ce livre évoque principalement les élus et les journalistes, il me faut aussi mentionner les nombreux messages d'encouragements d'inconnus que j'ai reçus sur les réseaux sociaux. Là encore, un potentiel d'énergie militante pas assez utilisé.

À l'automne, Sidi et moi travaillions la plupart du temps dans le petit bureau que ma mère avait réussi à trouver dans un petit centre d'affaires du 17e arrondissement de Paris. Les gens qui travaillaient là-bas n'ont jamais dû bien comprendre qui nous étions ni ce que nous faisions. Seule Nadia, la réceptionniste, ne manquait pas de nous renouveler son soutien instinctif et chaleureux dès qu'elle nous croisait.

Pour pouvoir engager toutes ces dépenses, j'avais dû souscrire un prêt à la rentrée. L'été m'avait coûté un peu plus de 6 000 euros (y compris l'acquisition de la Dacia, revendue à son prix d'achat l'été suivant) et d'autres dépenses se profilaient. Ma banque m'a donc accordé un prêt personnel de 20 000 euros, avec la caution de mes parents. Je ne réalisais pas vraiment l'engagement que je prenais à l'époque. J'avais besoin de ces liquidités pour mener à bien le projet et il était hors de question que ce dernier s'arrête pour une question de financement.

J'avais eu la chance de faire des études universitaires quasi gratuites et j'ai donc choisi de m'endetter sur cinq ans pour

---

[1] « Présidentielle. « Je ne crois plus en la Ve République », affirme le maire d'Avranches David Nicolas » *Ouest-France*, le 19 janvier 2022

financer une idée, un quinquennat. C'est un luxe dont j'ai bien conscience. Finalement le remboursement de ce prêt est aujourd'hui la seule trace concrète du projet dans ma vie. Il agit comme un rappel régulier de ce que nous avons essayé d'entreprendre. J'espère que ce livre pourra prendre le relais.

c. Le choix du tour de France

Il faut 500 parrainages d'élus pour être officiellement candidat au premier tour de l'élection présidentielle. Et parmi les quelques 40 000 élus habilités, les maires représentent une écrasante majorité.

S'est donc immédiatement posée la question de la stratégie à adopter : fallait-il axer la campagne sur les élus locaux en cherchant à les rencontrer pour les convaincre ou plutôt s'appuyer sur les médias pour chercher à se faire connaître des élus qui pourraient être intéressés ? Les deux démarches étant évidemment complémentaires, nous avons décidé d'entamer un « tour de France » qui nous permettrait à la fois de rencontrer des élus et de construire un récit médiatique *vendable*, celui d'un jeune qui parcourt la France pour parler de démocratie.

Il faut remettre en perspective ce choix au regard des possibilités qui s'offraient à moi au printemps 2021. Je ressentais alors déjà le besoin de rassembler une équipe pour réussir à porter ce projet, mais vers qui pouvais-je me tourner à cet effet ? Mes proches, comme une grande partie de ma génération, ne s'intéressaient que modérément à la politique. De mon entourage, seul Adrien s'y intéressait assez pour vouloir s'y impliquer, et il faisait déjà tout son possible. Mes parents me soutenaient beaucoup mais voulaient se tenir à une certaine distance de « mon » projet qui les empêchait de s'y impliquer entièrement.

J'ai donc décidé de partir sur la route le plus tôt possible, nourrissant l'espoir dans un coin de ma tête que le mouvement ainsi amorcé attirerait à lui des personnes motivées.

Une fois le projet établi, le permis de conduire récemment acquis, Adrien et moi sommes donc partis sur les routes de France à la rencontre des élus qui avaient le pouvoir de concrétiser le projet. Ce premier tour de France n'avait en fait pas pour but la recherche de parrainages (dont la récolte officielle se fait dans les semaines précédant le premier tour) mais visait deux objectifs. Premièrement confronter notre projet à la réalité : qui de mieux que les maires, à la frontière entre monde politique et monde *réel*, pour juger de la pertinence et de la faisabilité de ce projet. Deuxièmement, évidemment, commencer à faire parler du projet dans la presse.

Objectifs modestement remplis ! Au total, à l'été 2021, nous avons parcourus plus de 11 000 kilomètres, rencontré 48 maires et discuté avec 6 médias locaux différents. À eux seuls ces chiffres grandissants prouvaient notre motivation. Ils révélaient cependant l'inefficacité de notre organisation.

La quasi-totalité des rencontres de cet été étaient planifiées selon le processus le plus simple qui soit. Après avoir tracé un cercle sur la carte autour d'un point de chute (un camping, la plupart du temps), nous appelions toutes les communes environnantes pour obtenir un rendez-vous la semaine où nous serions présents. Le critère de sélection des rendez-vous était donc purement géographique et les situations militantes et politiques des élus n'entraient absolument pas en considération.

Le voyage en tant que tel débuta le 7 juin au départ de Lacanau (33) mais nous avions commencé à le planifier au cours des semaines précédentes. Adrien m'avait rejoint dans le Sud-Ouest après l'obtention de mon permis de conduire et nous nous occupions, depuis la fin du mois de mai, à appeler des secrétariats de mairie pour obtenir des rendez-vous.

Nous passions donc la majeure partie de nos journées au téléphone et réussissions environ une fois sur six à obtenir une date. J'appris d'ailleurs par la suite que c'est à peu près le même taux de réussite que celui des commerciaux qui cherchent à obtenir des rendez-vous pour vendre leurs produits.

Les secrétariats de mairie sont tenus, à l'écrasante majorité, par des femmes, dont je ne pourrais que louer l'amabilité et l'efficacité. Je réussissais quelquefois à être mis directement en relation avec l'édile mais la conversation ne durait jamais bien longtemps. Non seulement mon discours n'était pas encore rodé mais la simple mention de l'élection présidentielle suffisait souvent à rebuter mes interlocuteurs.

Notre approche par téléphone a d'ailleurs beaucoup évolué au fil de l'été. Nos premières demandes présentaient le projet de manière trop théorique et rébarbative. Au téléphone, je me présentais directement comme « un jeune candidat à l'élection présidentielle, » et Adrien faisait évidemment de même, à la première personne du singulier.

À la fin de l'été, nous nous présentions plutôt comme un « groupe de jeunes » recherchant à parler aux maires de « l'état de notre démocratie. » La présentation du projet en tant que tel était le plus souvent repoussée au moment d'une potentielle rencontre. Qui refuse de parler de démocratie avec des jeunes ? Notre taux de réussite au téléphone augmenta légèrement au fil de l'été.

d. Contradiction, frilosité, hypocrisie (2ᵉ tour : janvier-février 2022)

À la fin de l'automne, Marc, revenu de son entraînement au Népal, me poussa à repartir sur la route. Je ne peux que souligner ici sa capacité à motiver sans mettre de pression. Lui, plus que tout autre, connaît le courage du renoncement et son soutien par téléphone m'a aidé à retrouver cette forme d'insouciance qui m'avait mené à l'engagement.

J'ai eu également le soutien inattendu d'Olivier Grima, le maire de Castelculier que j'avais rencontré l'été dernier. Alors que j'étais confiné chez moi à cause du covid au moment de Noël, Monsieur Grima m'a appelé pour prendre de mes nouvelles. Il est évident que je n'ai pas assez entretenu les relations que j'avais nouées avec des édiles à l'été 2021. Pourtant, Olivier Grima m'a appelé deux fois au cours de l'automne pour m'encourager et me réitérer son soutien. La poursuite du projet lui doit beaucoup.

Pour ce nouveau voyage, il nous fallait être un peu plus ambitieux et nous avions prévu un départ à trois (Marc, Deny et moi) depuis Paris, dans deux véhicules dont la caravane de Marc. En ligne de mire de ce nouveau « tour de France » : la Bretagne et les Savoies que Marc connaît bien. Au mois de décembre, Sidi imagina et prépara les autocollants que nous comptions apposer sur la caravane de Marc.

Je retrouvai finalement le 10 janvier 2022 Richard, Marc et Deny au garage Renault de Boulogne pour floquer la caravane. A midi nous étions place de la République pour un départ symbolique. La campagne officielle de récolte des parrainages n'avait alors pas encore commencé mais nous savions que nous ne passerions pas la barre des 500 parrainages. Notre objectif était alors d'en obtenir le plus possible afin que le projet soit assez médiatisé pour que la question de la rénovation institutionnelle irrigue les débats de la présidentielle.

Une fois encore lors de ce mini tour de France, trop de route et pas assez d'organisation, mais quinze rencontres en mairie. Marc et moi avions notre répartition des tâches et notre duo s'était bien huilé depuis l'été. Face à des élus souvent sceptiques de voir un jeune vouloir se présenter à l'élection présidentielle, Marc faisait la présentation. Il rappelait surtout l'évidence : l'objectif n'était absolument pas la conquête du pouvoir. J'embrayais ensuite sur l'argumentation du projet et Richard, lorsqu'il était là, apportait la caution du collectif.

Le 17 février au soir, nous avions rendez-vous avec Benjamin Marias, trentenaire et premier adjoint au maire d'Annecy. En 2020 la mairie avait été remportée (avec 27 voix d'avance) par une alliance citoyenne soutenue par différents partis de centre-gauche et portée par le militant écologiste François Astorg.

La rencontre n'aurait pas pu mieux se passer. Premièrement nous étions entièrement d'accord sur le constat et en grande partie sur la solution démocratique à apporter aux crises environnementales. Mais surtout, appuyé par Marc et légitimé par les caméras de Deny et du photographe de *Causette* qui nous suivait pour la journée, maîtrisant mon sujet sur le bout des doigts, je sentais mon interlocuteur être progressivement conquis, au moins temporairement. Je reconnais d'ailleurs maintenant le caractère grisant de ce type d'entretiens.

Seulement, un maire-adjoint ne peut pas apporter son parrainage officiel à un candidat à l'élection présidentielle. Benjamin Marias me proposa donc d'en parler autour de lui, notamment au reste de l'équipe municipal et aux six mairesdélégués des communes historiques qui forment la commune nouvelle d'Annecy depuis 2017.

Le 18 février au matin, je retrouvai ainsi Chantal Farmer, la maire-déléguée de l'ancienne commune d'Annecy. Cette fois-ci en tête à tête, je partais avec l'avantage d'avoir été introduit favorablement par Benjamin Marias. L'entretien fut plus court que la veille, peut-être un peu plus brouillon également, sûrement à cause d'une surdose de confiance en moi. Mon interlocutrice parut néanmoins convaincue. Elle aussi s'était engagée car elle croyait dans la force de la démocratie et sa capacité à dépasser les crises.

À la fin de notre rencontre, Chantal Farmer me promit de réfléchir au projet et à la possibilité de me parrainer. Fait marquant, elle fut la première maire à évoquer devant moi le prix politique et social qu'il lui coûterait de me parrainer.

C'est une réflexion qui m'était complètement étrangère. J'avais évidemment conscience que ce projet me resterait attaché à l'avenir et aurait des effets, positifs comme négatifs, sur ma vie professionnelle notamment. Par insouciance de jeunesse ou de caractère, mais également au vu de l'ampleur modeste que connut le projet, cela n'est jamais entré en considération pour moi.

C'est à ce moment que j'ai commencé à percuter, à comprendre pleinement ce que je savais déjà depuis quelque temps. Le succès d'une révolution s'appuie moins sur des apports empiriques et rationnels que sur des considérations sociales et psychologiques[1]. Car c'est bien une révolution que nous essayions de mener ici. Un renouvellement complet des institutions qui encadrent notre vie en société depuis plus de deux générations.

---

[1] Je ne peux qu'inviter à lire la *Structure des révolutions scientifiques* de Thomas Kuhn.

En sortant de ce rendez-vous dans la belle mairie d'Annecy, j'avais compris. J'avais compris que si Chantal Farmer, qui entendait et soutenait tous les tenants et aboutissants du projet, ne parrainait pas ma candidature, les 500 parrainages étaient inaccessibles. L'important n'est pas le cas particulier d'une maire-déléguée d'Annecy mais l'hésitation d'élus qui comprenaient et soutenaient le projet à passer à l'acte en le parrainant officiellement.

Les contradictions ne m'ont jamais vraiment étonné, ni sur le fond, ni sur la forme. Je peux très bien concevoir une défense de la technocratie ou la nécessité de s'intégrer au système pour le changer de l'intérieur. Je peux également comprendre les motifs personnels de refus comme l'atteinte à l'image publique par exemple.

En revanche, m'étonne encore le poids du silence, de l'absence d'argumentation raisonnée quant aux raisons du refus. Il est de bon ton en France de critiquer les abstentionnistes, qui renonceraient à leur droit de se plaindre puisqu'ils ne jugent pas bon de se déplacer voter. Ce discours moralisateur est d'ailleurs souvent celui tenu par les maires que j'ai rencontrés. Pourtant, que fait un maire qui ne parraine aucun candidat si ce n'est *s'abstenir*.

Qu'il soit clair que je ne critique pas l'abstention en soit, ni celle des électeurs ni celle des élus. Je dénonce en revanche l'hypocrisie de ceux qui critiquent l'une et pratiquent l'autre. Pire encore, certains élus sont allés jusqu'à m'assurer de leur soutien et me promettre un parrainage pour finalement revenir sur leur parole, sans explications. Je ne leur jette pas la pierre et il est vrai que passer de neuf à dix, onze ou douze signatures n'aurait pas fondamentalement changé les choses. C'est cependant une donnée essentielle que je n'avais pas envisagée avant de me lancer dans une telle campagne.

La fonction de maire est particulièrement exigeante et, si elle comporte son lot de joies et d'accomplissements, elle est trop souvent récompensée par l'ingratitude. Mais les élus locaux restent fondamentalement des êtres humains comme les autres, marqués par les mêmes grandeurs et les mêmes faiblesses.

Notre voyage et notre campagne prit fin en Savoie au mois de février. J'étais alors animé d'une plus grande légèreté, conscient d'être dans la dernière ligne droite. Marc avait réussi à obtenir un rendez-vous avec Frédéric Burnier-Framboret, maire d'Albertville, pour le 18 février 2022. Une fois encore, l'échange fut marqué par une belle écoute qui manque terriblement aux débats politiques médiatisés auxquels nous sommes habitués.

Monsieur Burnier-Framboret, géomètre de profession, avait été élu maire en 2020 au premier tour avec 65 pourcents d'abstention. Il me raconta avoir essayé de mobiliser les citoyens de sa ville en proposant à qui le voulait de venir échanger avec l'équipe municipale lors de séances organisées deux fois par an un peu partout dans la ville.

Mais face aux décalages des demandes citoyennes exprimées dans le cadre de ces « mairies mobiles », qui ne relevaient absolument pas des prérogatives du conseil municipal, le maire en vint à questionner le désir populaire de participation au profit d'un désir d'écoute. Beaucoup d'élus m'ont d'ailleurs répété que le poste de maire était avant tout une fonction d'écoute de ses concitoyens.

J'entends cette expérience et pense qu'elle n'est pas la seule en son genre. Cependant, je considère la démocratie participative en partie comme une fausse solution à un vrai problème, l'échec de sa mise en application ne reflétant donc pas l'état du problème.

Les citoyens d'Albertville ne sont majoritairement pas allés aux urnes en 2020 (échec d'une forme de représentation) et ne se sont pas emparés de l'outil que leur offrait la municipalité (échec d'une forme de participation). Mais les deux phénomènes ne sont pas contradictoires.

Le décalage entre élus et électeurs qui s'exprime lors de chaque élection et à toutes les échelles n'est pas un rejet du principe de représentation qu'il faudrait compenser par un développement de la participation. Or c'est parfois ainsi qu'a été perçue notre initiative, comme elle l'a probablement été à Albertville. Cela s'explique sûrement en partie par le flou de notre proposition de constituante mais également par une incompréhension globale qui associe le rejet du mode de représentation actuel à un désir de participation.

Notre dernier rendez-vous officiel eut lieu un samedi matin, à la salle communale de Saint-Jean-d'Arvey. Christian Berthomier, le maire, avait contacté Sidi par le biais de notre site internet. Il proposait d'inviter les 38 maires de la communauté de Chambéry à se retrouver pour écouter ma présentation du projet et en débattre.

Finalement, six personnes se sont retrouvées autour de la table. Face à Marc, Deny et moi se tenaient notre hôte accompagné de Pascal Bouvier, adjoint au maire de Barby, et Marine Perier, adjointe au maire de Sainte-Reine. Le moment partagé fut marqué par une extraordinaire bienveillance. Monsieur Berthomier était motivé pour soutenir le projet et parrainer ma candidature. Ses mots d'encouragement, filmés par Deny[1], me remémorent encore tout le sens qu'eut ce projet.

---

[1] Toutes les vidéos de la campagne sont à retrouver sur la chaîne YouTube « Martin Rocca. »

Faire parler du projet

Naïvement, je ne m'étais pas posé la question de la manière de faire connaître le projet avant de m'y lancer. Les questions de communication ne m'ont jamais passionné et j'avais bon espoir qu'internet me permettrait de partager rapidement le récit de mon initiative.

a. Les réseaux sociaux

Les réseaux sociaux forment aujourd'hui, du moins en apparence, le canal de communication le plus abordable pour tout un chacun et semblent offrir des possibilités infinies pour faire connaître ses idées. C'est donc vers eux que je me suis tourné d'abord pour faire la publicité de mon projet, en particulier vers YouTube, plateforme de mise en ligne de vidéos dont je suis un *consommateur* assidu. L'exemple de YouTube est donc le plus développé dans le cadre de mon projet mais les leçons que j'y ai apprises et les difficultés auxquelles j'y ai été confronté sont souvent les mêmes que sur les autres plateformes.

Le 4 décembre 2020, un concours organisé par le vidéaste et rhétoricien Victor Ferry me permit de publier ma première tentative de discours sur YouTube. Sans micro et face à la caméra de mon ordinateur, j'y présentai déjà l'idée principale du projet et annonçai, avec une diction désuète et un ton sans beaucoup d'âme, ma candidature à l'élection présidentielle de 2022. Ma marge de progression était à la mesure de la tâche qui m'attendait : immense.

La première vidéo publique de ma chaîne fut publiée le 9 janvier 2021. J'y présentai toujours l'idée générale de mon engagement, cette fois-ci avec un peu de plus de rythme et armé d'un micro-cravate et de la caméra de mon smartphone. Il me fallut plus d'une semaine pour passer la barre des 100 vues. Quant à la barre des 100 abonnés sur la chaîne, elle nécessita six mois et quatorze vidéos.

Arrivèrent donc rapidement les premières déconvenues. L'une provoquée par un contexte structurel dont je n'avais pas idée, l'autre, plus étonnante pour moi, sur le plan personnel.

Personne de mon entourage n'avait jamais lancé – que je sache – une chaîne YouTube à destination du grand public. Je n'avais aucun modèle auquel me rattacher, aucune courbe de progression à laquelle me comparer, et surestimais donc de beaucoup ma capacité à émerger sur internet et à faire partager l'idée que je voulais présenter.

Le fonctionnement des réseaux sociaux était pour moi un mystère et je m'apercevais au fur et à mesure que le succès sur les réseaux sociaux, et en particulier sur YouTube, reposait sur des phénomènes que je m'étais, d'une certaine manière, engagé à combattre en me lançant dans ce projet : l'hyper-personnalisation, l'instantanéité, le commentaire permanent…

C'est donc avec une certaine réticence, mais parfois animé de l'excitation de découvrir un nouvel univers, que j'adoptai progressivement les codes de ce monde virtuel. Les vignettes (images de présentation) de mes vidéos et leur évolution reflètent ce cheminement. On y observe également l'arrivée de Sidi, plus compétent que moi sur les questions de communication, en particulier sur les réseaux sociaux.

Je me trouvai donc partagé entre la tentation de jouer le jeu pour émerger sur les réseaux sociaux, peut-être nécessaire, et la volonté d'agir en accord avec les principes constitutifs du projet politique que je défendais. Il aurait évidemment été plus facile de se faire connaître en créant du contenu polémique. D'ailleurs, parmi les vidéos ayant cumulé le plus de vues sur ma chaîne YouTube figurent les deux affichant Éric Zemmour sur leurs vignettes.

On observe ici un exemple simple et représentatif de la manière dont les réseaux sociaux polluent structurellement notre société démocratique. La « démédiatisation » permise par internet offre aux acteurs politiques et économiques la possibilité de capitaliser sur notre propension naturelle à surréagir face aux contenus suscitant la peur, la colère ou l'indignation[1]. La montée sondagière d'Éric Zemmour provoquant les trois, j'ai tenté de capter une part de l'attention suscitée par le phénomène au profit du projet que je portais.

J'en garde aujourd'hui un souvenir un peu honteux. Le sentiment désagréable d'amplifier le phénomène Zemmour, même si celui-ci me servait indirectement, m'empêcha de miser vraiment sur cette stratégie de sangsue. Il me semble avoir

---

[1] Je ne peux ici que conseiller aux lecteurs les plus intéressés par ce sujet d'aller consulter les livres de Gérald Bronner, et notamment *Apocalypse cognitive* (2021) ou *La démocratie des crédules* (2013).

toujours été intimement convaincu que ce genre de stratagème servait bien plus l'investigateur original du phénomène que les commentateurs plus ou moins honnêtes de ce dernier.

Aurait-il fallu faire fi de ces préoccupations morales ? Ne jamais avoir clairement tranché ce débat de stratégie de communication aura assurément été une des raisons de son échec sur les réseaux sociaux…

Sur le plan personnel, je voyais naïvement dans mes proches, mes amis et ma famille, des relais efficaces du projet sur les réseaux sociaux. Ce fut donc une grande surprise pour moi, peut-être la plus grande et la pire, que celle de découvrir leur manque d'empressement à partager le contenu que je produisais sur les réseaux sociaux.

C'est en fait tout un rapport au contenu politique que j'avais mal évalué. La frilosité face à un contenu politique jugé forcément clivant et donc potentiellement nuisible pour son image sur les réseaux sociaux, passait bien souvent devant la volonté de soutenir l'initiative d'un proche. Aurais-je lancé un projet de tour du monde en kayak que mon nombre de *followers* aurait augmenté à une tout autre allure, porté par l'enthousiasme de mes proches.

Et c'est là un mouvement peut-être plus représentatif de la faisabilité du projet que je ne voulais le voir. Si le projet que je portais n'était même pas capable de motiver les membres de mon entourage, aux oreilles attentives, à dépasser cette frilosité, comment aurait-il jamais une chance de motiver une assez large portion de la population pour être concrétisé ? C'est en fait toute la base potentielle de soutiens actifs du projet que je surestimais.

Une autre raison, plus structurelle, de cet échec aura été de ne pas avoir trouvé, peut-être de ne pas avoir consacré de temps à la recherche d'une personne compétente et entièrement dédiée à l'animation des réseaux sociaux du projet. Une personne possédant à la fois les compétences techniques pour le faire (comme Sidi), une fine compréhension politique du projet (comme Adrien) et un *tact virtuel* / une appétence pour le poste (que ne possédaient ni Sidi, ni Adrien…)

b. La presse locale

Le 13 juin 2021, à la suite de ma première intervention publique lors d'une manifestation contre les idées d'extrême-droite à Parthenay, je fus contacté par Jordan Guérin-Morin, un jeune journaliste du *Courrier de l'Ouest*. Deux jours plus tard, Adrien et moi nous retrouvions donc pour la première fois de notre vie face à la presse.

Cette première confrontation avec le monde du journalisme fut très encourageante. Le journaliste n'était pas beaucoup plus âgé que nous, il était réellement curieux et toutes ses questions étaient pertinentes. L'article fut publié dans le *Courrier de l'Ouest* mais également rendu disponible gratuitement sur le site de *Ouest France* dont l'audience est considérable.

L'article fut d'ailleurs principalement relayé sur les réseaux sociaux où il fit un petit buzz à l'échelle des autres publications Facebook *du Courrier de l'ouest* au mois de juillet. Les commentaires présents sous la publication, première vague de commentaires d'inconnus découvrant le projet (ou simplement le titre de l'article) furent très représentatifs des réactions que provoquait le projet en ligne. Petite sélection :
- Des commentaires sur mon âge comme celui de Gérard Lecourbe qui écrit « *Le travail !!! Le vrais sa existe tu sais jeune homme !!!!* » ou Patrice Preaubert

qui écrit « *Commence par tafer pour comprendre le peuple gamin* »

- Des internautes qui approuvent l'engagement comme Arnaud Liva : « *Pendant que certains critiquent, y'a un mec de 21 ans qui se bouge les fesses.* » Ou Élodie Prch : « *Au moins lui il se bouge , il tente quelque chose je lui tire mon chapeau ... C'est pas les speudos politologue de Facebook qui feront ça ... * »

- D'autres qui défendent et encouragent comme Antonin Proust qui écrit « *Même si ma première réaction aurait été plus orientée sue le fait qu'il aille apprendre à faire son lit tout seul, finalement après lecture de ses idées, même si bien entendu il y a un côté fantasque, il dit énormément de vérités, ça reste intéressant à lire.* » ou encore Gwendal Raimbaud : « *Lisez l'article avant de critiquer. Il ne veut pas être président il a bien conscience que ça n'arrivera pas, et même si c'était le cas il sait qu'il ne serait pas à la hauteur. Il veut seulement ouvrir une nouvelle voie politique ce qui n'est pas une mauvaise chose en soit. La politique n'est pas qu'une affaire de grands, les jeunes ont leur mot à dire.* » ou encore Olivier Guy « *En fait personne n'a lu l'article. Ce jeune est bien conscient qu'il ne peut pas être président, il veut faire passer un message. Pour une fois qu'il y a un jeune qui se bouge plutôt que d'aller casser le mobilier urbain, moi je lui dit bravo ! Cela ne veut pas dire que j'approuve ce qu'il dit mais je suis assez écoeuré de toutes ces critiques de beaufs.* »

- Et enfin, d'autres commentaires plus farfelus dont une perle pour la route, de Clem Nt : « *Donc le gars parle*

Candide en campagne

au nom de l'écologie et fait le tours de la France en voiture.. aller c'est bon. Next. »

Tous les articles parus dans la presse quotidienne régionale étaient centrés autour du « jeune de 21 ans qui essaie de se présenter aux élections présidentielles. » Le caractère apartisan et institutionnel du projet, qui constitue pourtant sa spécificité, passait toujours au second plan. On pourrait même dire que c'est la nature politique du projet qui était reléguée. Un tour de France visant à s'entretenir avec les maires de leurs expériences personnelles aurait peut-être suscité autant d'attention de la part de la presse régionale.

Mi-août, je fus invité pour la première fois à exposer mon projet en direct à la télévision par la chaîne locale BFM D!CI, diffusée dans le Sud-Est. J'étais alors près de Manosque et mon oncle Henri m'amena au petit studio secondaire qu'employait la chaîne. Seul avec le cameraman, je répondais le micro à la main aux questions qui me parvenaient dans une oreillette.

Première expérience télévisée de moins de dix minutes, celle-ci me permettait néanmoins de rajouter le logo de BFM à la listes des médias qui m'avaient reçu. Je gommais de mauvaise fois le logo D!CI qui rappelait le caractère local de la chaîne…

c. La presse nationale

Une des dernières journalistes rencontrées avancera un facteur d'explication auquel je n'aurais pu penser seul, et qui me frappa par sa justesse. Au mois de février, nous avons été contactés par une journaliste du journal Causette qui s'intéressait aux candidats moins connus de cette élection présidentielle. Elle finit par nous accompagner deux jours en Savoie et, problème technique oblige, nous nous sommes retrouvés, Marc, Denys, elle et moi, à faire pas mal de route ensemble à l'étroit dans la Dacia.

Ces deux jours se passèrent très bien, j'avais beaucoup d'énergie et moins de pression qu'avant. Je pus profiter d'un moment à la fin de son reportage pour lui demander son avis sur les raisons de la trop faible couverture médiatique du projet.

Elle me raconta alors l'hésitation qu'elle avait eu à s'intéresser à un candidat dont personne ne connaît rien, sans aucun antécédent et dont le programme n'existe pas ! Comment ne pas le soupçonner de toutes les opinions politiques et leurs contraires ? Cette journaliste de Causette m'avouait en fait m'avoir suspecté – un moment seulement – de me rapprocher d'une extrême droite anarchisante. Imaginez ma stupéfaction.

On touche ici à un autre des paradoxes de cette entreprise : comment ne pas susciter la méfiance par le caractère apartisan et sans *attaches* du projet ?

Dès le début, j'avais pour objectif que même mes collaborateurs ne puissent réussir à déceler mes opinions politiques. L'objectif fut largement atteint et cela me fut confirmé lors d'un entretien que j'eus avec un journaliste de France 3 Bretagne. Il m'avoua ne pas avoir réussi à trouver avec certitude le moindre marqueur d'opinion me positionnant à gauche, au centre ou à droite de l'échiquier politique, les extrêmes étant évidemment exclus par leur nature anti-démocratique.

Dans l'optique de faire parler de mon initiative dans la presse, je me tournai évidemment vers le journal *Le Monde* auquel je suis abonné depuis des années. J'envoyai donc, le 1er juin 2021, un mail à Bastien Bonnefous, chef du service politique, expliquant ma démarche. Sans réponse.

Dès le mois de juillet 2021, le journal *Le Monde* publia une liste des présumés candidats à l'élection présidentielle de 2022. Sur cette liste, aucun candidat officiel (la liste officielle devait être publiée le 4 mars 2022) mais des noms médiatiques comme Marine Le Pen, Emmanuel Macron et d'autres beaucoup moins comme Hélène Thouy, Anasse Kazib ou Clara Egger (qui ne réussiront pas à réunir les 500 parrainages nécessaires).

Ne figurant pas sur cette liste, je décidai d'envoyer, le 21 juillet, un mail au journaliste Maxime Vaudano qui s'occupait de tenir cette liste à jour. Sans réponse.

Malgré tous mes efforts, il me fut impossible de voir apparaître mon nom dans les pages ou même sur le site du *Monde*. Même après que l'Arcom avait commencé à décompter les temps de paroles des candidats présumés ou déclarés (dont j'étais). Même après que Franceinfo, *Libération* ou le *Le Parisien* m'avaient inclus dans leurs listes des candidats déclarés.

Le 16 septembre, pour rebondir sur la publication d'un article d'Ariane Ferrand sur les "*nouvelles formes d'engagement de la jeunesse*," j'envoyai au journal *Le Monde*[1] une première tribune.

Le 27 octobre, nous décidâmes d'envoyer à la rédaction du *Monde* un « Appel à la médiatisation des candidatures indépendantes » signé par Clara Egger et Marie Cau. À la suite d'un premier refus, nous avons relancé le journal le 16 novembre, cette fois-ci avec les signatures supplémentaires de Fabrice Grimal, d'Hélène Thouy et de Gildas Vieira. Nouveau refus.

Je relançai Bastien Bonnefous par mail le 3 février 2022. Sans réponse.

Au lendemain du vote de la Primaire Populaire et de la publication d'un article sur *L'impressionnante "désaffiliation"*

---

[1] Les quatre tribunes que j'essayai de faire publier lors de cette campagne sont à retrouver en annexe.

politique des 18-24 ans en France, je renvoyai une nouvelle tribune visant à apporter le point de vue original d'un jeune sur l'initiative de la Primaire Populaire. Nouveau refus.

Même les tentatives de Marc Batard à partir de l'hiver pour attirer l'attention des rédactions de médias nationaux échouèrent. Il y a-t-il eu un débat entre journalistes au *Monde* à propos de la couverture de notre projet ? Ou mon nom est-il passé sous les radars ? Ou jugé trop insignifiant ?

L'exemple du journal *Le Monde* est le plus représentatif de mes relations avec la presse nationale mais les tribunes que j'ai pu écrire dans le cadre de ce projet furent tout autant rejetées par *Le Figaro, Libération,* le *Journal du Dimanche*, etc. À l'heure du numérique, la publication d'un article en ligne ne coûtant rien, je n'arrive pas à expliquer ces refus autrement que par l'absence de prise au sérieux du projet que je portais.

Le 15 janvier, à la sortie de mon rendez-vous à la mairie de Ploumilliau, petite ville du Trégor, proche de Lannion, je fus contacté par Karima Charni de la matinale week-end de LCI. Pour la première fois, on me proposait de passer sur le plateau d'une chaîne de télévision nationale. Rendez-vous fut pris pour neuf heures le samedi suivant, au studio de TF1.

Évidemment, l'excitation était à son comble. Pour être honnête, à ce moment comme lors de la quasi-intégralité du développement du projet, je n'avais aucune idée de jusqu'où nous réussirions à aller. Comme depuis le début, j'étais dans un tunnel dont je ne prendrai conscience qu'a posteriori. Je savais le sommet encore très loin, rien ne servait de lever la tête du guidon à ce stade, il suffisait de pédaler.

La journaliste de Franceinfo qui nous accompagnait pour la journée semblait confiante sur notre capacité à attirer l'attention des médias dans les semaines suivantes. Je me souviens particulièrement bien de son affirmation : « *Après LCI, attends-toi à voir ton téléphone sonner.* » Il n'en sera rien.

Naturellement, plus la présidentielle approchait et plus le temps médiatique lui étant consacré augmentait. Nous profitions donc de cet appel d'air journalistique mais, là où j'espérais l'interview de LCI comme une première marche vers l'univers médiatique nationale, ces quelques minutes de plateau furent largement l'apothéose médiatique du projet. Son quart d'heure de célébrité.

J'ai assuré cette interview de la manière la plus classique, sûrement trop classique. À la sortie de l'émission, nombre de personnes qui suivaient le projet me félicitèrent pour ma prestation, pour ma clarté, mon sourire… C'était un sans-faute, en quelque sorte. Mais la télévision aime les fautes et nous avions été à côté de la plaque. Aurait-il fallu que je m'emporte, que je pleure, que je quitte le plateau ? Sûrement. Il aurait fallu que j'utilise les codes du drame, du buzz, pour attirer l'attention sur ma candidature et, par la suite, sur le fond du projet.

L'échéance du projet était sûrement beaucoup trop courte pour que je puisse me permettre de ne pas faire le pitre devant les caméras. L'ai-je refusé par peur pour mon avenir ? Par pédantisme ? Ou même par peur de la réussite ? Une réussite qui m'aurait réellement placé au centre des projecteurs, où je n'ai pas envie d'être.

En vérité, la question ne s'est jamais réellement posée consciemment. On pourra me le reprocher mais j'ai entrepris ce projet sans avoir pris la mesure de tout ce qui serait nécessaire pour le faire aboutir. Sa réussite a toujours été un objectif, mais ma motivation était sûrement plus morale qu'utilitariste. Je me suis lancé dans ce projet parce que je crois fermement en sa pertinence politique mais il est aujourd'hui clair que je n'avais pas la capacité de faire tout ce qu'il aurait fallu pour qu'il puisse aboutir.

Avant d'écrire ces lignes, j'ai revisionné le passage LCI en question. Et c'est seulement à cet instant que m'est apparue l'image du tunnel dans lequel j'avançais durant toute cette entreprise. Le stress m'a assailli alors que je me regardais parler. Comment avais-je pu expliquer ma candidature avec une telle assurance sur un plateau de télévision ?

Je n'avais tout simplement pas *conscience* de ce que je faisais à l'époque. Défendre mes idées jusqu'au bout, quitte à se prétendre candidat à l'élection présidentielle, était devenu une nouvelle normalité pour moi. Mes proches peuvent le confirmer aujourd'hui, eux qui l'ont toujours su, je vivais avec une perception de la réalité extrêmement différente de celle de la majorité des gens ; probablement la seule perception qui me permettait de continuer.

Ma dernière intervention médiatique est probablement une des plus importantes pour moi, du moins symboliquement. Je fus contacté mi-février par Alban Barthelemy, journaliste au *Figaro*. L'objectif était de faire mon portrait pour la dernière page du quotidien.

Je n'avais alors aucune raison d'accepter. La période officielle de récolte des parrainages touchai à sa fin et je me doutais bien que l'article ne serait pas utile au projet. J'acceptai alors probablement pour des motifs plus personnels : pour crédibiliser ma démarche *a posteriori* auprès de ceux qui me connaissent (si *Le Figaro* en parle, ça doit être du sérieux), pour faire plaisir à mon grand-père, fidèle lecteur du journal, pour donner à voir un profil différent à ceux qui se désespèrent du désengagement de la jeunesse… sûrement aussi pour des raisons d'ego.

Rendez-vous fut pris pour le 24 février au Nemours, un café typiquement parisien, face à la Comédie Française. Nous étions en tête à tête et, après les présentations d'usage, nous sommes rentrés dans le vif du sujet. Non seulement le portraitiste connaissait bien le projet mais il m'annonça également suivre son actualité depuis quelques semaines. Pourquoi alors ne pas m'avoir contacté plus tôt ?

Le portrait fut finalement publié au lendemain de la proclamation officielle de la liste des candidats à l'élection présidentielle. Il est évidemment plus simple d'écrire sur le récit d'un jeune qui a essayé de s'engager plutôt que sur un candidat à l'élection présidentielle. Il y a moins d'enjeux, moins de risques. D'ailleurs l'article ne figure pas dans la rubrique politique mais en dernière page, réservée aux portraits.

Cet entretien pour le Figaro fut ma dernière intervention médiatique, une sorte de baiser de la mort, symbole de l'échec du projet et de mon incapacité à le dépersonnaliser.

d.   Les nouveaux médias

Un des conseils qu'on me donna le plus souvent pour faire parler de mon projet fut celui de contacter Hugo Décrypte, un jeune vidéaste aujourd'hui journaliste qui décortique l'actualité tous les jours sur internet. Il est connu de toute ma génération et je l'avais contacté dès l'été mais n'eus jamais de réponse.

Plus généralement, il existe aujourd'hui de plus en plus d'émissions politiques produites et diffusées directement en ligne et dont la qualité n'a rien à envier à certaines émissions de télévision. Je pense en premier lieu à ce que produit la société d'Hugo Décrypte (300 000 abonnés sur Twitch) mais également à *Backseat*, animé par Jean Massiet (170 000 abonnés sur Twicth), aujourd'hui une référence dans le commentaire politique sur internet. Je n'ai jamais reçu de réponse ni de l'un ni de l'autre.

Il me semble que ces nouveaux médias, en recherche de légitimité dans le monde médiatique actuel, sont paradoxalement encore plus réticents que les médias traditionnels à prendre le risque d'inviter un inconnu au projet atypique.

J'ai cependant été invité par certains web-médias, beaucoup plus modestes, peut-être moins corsetés par la recherche de légitimité et surtout moins débordés par les demandes d'intervention en tous genres. J'ai ainsi été recontacté, dès la rentrée de septembre 2021, par le média Blonde Studio que j'avais contacté en juillet et dont les interviews sont diffusées sur YouTube (1200 abonnés).

C'est la première fois que j'ai pu exposer le projet et mes motivations face à une caméra qui n'était pas la mienne. L'accueil de l'équipe de Blonde a été particulièrement bienveillant et j'ai pu me reprendre à plusieurs reprises pour boucler cet exercice qu'est l'interview face caméra, qui ne m'était pas familier.

Je fus également invité début février sur le plateau de Pipole, un nouveau média qui diffuse des émissions hebdomadaires en live sur la plateforme Twitch. L'audience ne dépassa pas les quelques dizaines de personnes mais la qualité des échanges et de la production étaient remarquables. L'exercice en fut presque plaisant.

Je n'étais pas le seul invité de l'émission du soir. En plus du jeune journaliste Hugo Smague, était présent Grégoire Cazcarra, co-créateur de l'application *Elyze*, lancée début janvier pour susciter l'intérêt des jeunes pour la présidentielle à venir.

Lors de cet échange, lui et moi n'avons pas réellement eu l'occasion de débattre sur le fond de la manière de mobiliser les jeunes. L'émission était plutôt centrée sur la présentation de nos projets respectifs, sans réelle confrontation sur le fond, ce qui est discutable mais compréhensible pour une telle émission qui se veut info-ludique.

Pourtant, il me semble que nous portions à l'époque des projets aux stratégies divergentes et dont la confrontation n'aurait pu être que positive. Lui cherchait à recréer de l'intérêt pour la politique chez les jeunes en rendant l'information accessible et ludique grâce à une application reprenant le principe de *Tinder*, l'application de rencontres.

Son livre *Aux urnes !* publié en février 2022 visait à démonter les raisons de l'abstention : *« C'est compliqué d'aller voter »*, *« aucun candidat ne tient ses promesses »*, *« voter ne changera rien »* ... Mais toutes ces affirmations ne sont que l'expression d'un ressenti causé par un dysfonctionnement plus profond de notre système politique. Je reste persuadé que vouloir combattre l'abstention dans notre système actuel revient à essayer d'arrêter le débit du fleuve avec ses mains.

e. Les actions militantes

Les actions militantes les plus classiques furent le principal angle mort de toute notre campagne. Cela s'explique principalement par notre manque d'organisation comme évoqué plus haut, mais pas uniquement. Les interventions publiques requièrent non seulement de l'énergie mais également une certaine disponibilité mentale.

Début juin 2021, Adrien et moi avions eu vent d'un rassemblement contre les idées d'extrême-droite mené dans la proche ville de Parthenay (79). Après nous être interrogé sur le risque d'être associés aux drapeaux des syndicats et partis politiques qui n'allaient pas manquer d'être présents, nous avons décidé de nous y rendre.

Et c'est là, devant une centaine de personnes, que je pris le micro pour la première fois de ma vie. Non pas pour y présenter mon projet et ma candidature mais pour rappeler le lien existant entre la montée de l'extrême droite et les carences de notre système démocratique. Je sortis de ce premier exercice de prise de parole en public les genoux tremblants.

L'occasion ne s'est que rarement représentée par la suite. Ou plutôt, nous n'avons pas cherché à recréer ce genre d'évènements. Seule Manon militait pour que nous organisions des rencontres afin d'y présenter le projet oralement et d'en discuter à plusieurs, en assemblée.

Sidi et moi avons probablement sous-estimé l'importance de ce genre d'évènements. Mais ces rencontres demandent une capacité d'organisation que nous n'avions pas, que je n'avais pas réussi à mettre en place.

J'eus deux nouvelles occasions de prendre la parole en public au mois de décembre. Le 19 novembre 2021, le Comité pour les relations nationales et internationales des associations de jeunesse et d'éducation populaire (Cnajep) m'invita à prendre la parole à sa soirée du 15 décembre, consacrée au thème : « Faire République avec l'éducation populaire et les jeunes. »

Ce soir-là, je me retrouvai donc sur scène juste après Nathalie Artaud pour y exposer l'articulation du projet Constituante 2022 avec le réengagement de la jeunesse. Interrogé par Christophe Gaydier, président d'Animafac, que je regrette de ne pas avoir remercié plus chaleureusement, je parlai pendant une dizaine de minutes face à une salle de deux ou trois cents acteurs des organisations de jeunesse et d'éducation populaire.

Ma présentation était un peu en décalage avec le reste de la soirée. Malgré quelques « bons mots » et une fin optimiste, on croit entendre la lecture d'un manifeste politique. La diction est lente, rouillée après un automne trop inactif, et le texte est bien trop lourd pour susciter l'intérêt que nous recherchons désespérément.

Début décembre, je pus m'exprimer une nouvelle fois en public lors d'un évènement animé par l'association Démocratie Ouverte ; au programme : « Les stratégies électorales pour faire gagner la démocratie. » J'étais honoré de pouvoir m'exprimer aux côtés d'invités pour qui j'avais beaucoup de respect. Était notamment présente Paola Forteza, alors députée de la 2ᵉ circonscription des Français de l'étranger, en pointe sur la question du renouvellement démocratique de nos institutions.

Hélas, les invités étaient très nombreux et trop peu de temps était réservé aux échanges. Je ne pus donc pas me présenter à Mme Forteza, que j'avais déjà essayé de contacter au printemps précédent. Était également présente une représentante de la Primaire Populaire, initiative à laquelle j'avais choisi de ne pas participer pour des raisons plusieurs fois exprimées et auxquelles je crois toujours[1].

Je regrette beaucoup de ne pas avoir échangé davantage avec les membres de Démocratie Ouverte, avec qui je suis sûr qu'une coopération aurait été possible. Plusieurs raisons expliquent ce raté et en premier lieu mon arrogance, mon mépris à l'égard d'une organisation que je jugeais largement déconnectée de la réalité.

---

[1] Cf. Annexe

Enfin, je pensais tirer une partie de ma légitimité du « terrain » (pour reprendre une expression journalistique), des heures de discussions avec des élus locaux mais aussi et surtout avec des personnes croisées dans la rue, à l'occasion de séances de distribution de tracts sur les marchés ou sur des places publiques. Nous aurions probablement dû donner encore plus de place à ce genre de moments. Je suis certain que nous aurions eu plus d'attention en discutant le week-end avec les passants autour d'un point fixe agrémenté de banderoles et de panneaux d'affichage.

La politique rebute de plus en plus de gens et je n'imagine même pas la difficulté que doit représenter une séance de tracts pour un parti politique. Cependant, la curiosité de passants pour une expérience originale comme celle que nous essayions de mener a dépassé nos attentes. L'effet était renforcé par la caravane floquée de nos couleurs, et encore plus lorsqu'une caméra (d'un journaliste ou même de celle de Deny) nous accompagnait.

Là encore, seule Manon aura milité inlassablement pour que nous nous attachions à combler cette lacune et je regrette aujourd'hui de ne pas lui avoir accordé plus de confiance pour qu'elle y travaille.

Bilan et perspectives

Il me faut en premier lieu reconnaître que, malgré la place fondamentale qu'occupent les préoccupations écologistes dans ma réflexion, celles-ci passèrent largement à l'arrière-plan tout du long de la concrétisation du projet. Lors de mes échanges avec des responsables politiques ou des journalistes, et lors des discussions que j'ai pu avoir plus généralement avec des proches ou des inconnus sur ce projet, les objectifs finaux d'ordre écologique n'étaient la plupart du temps pas même évoqués.

Sans que je m'en aperçoive, ce projet de rénovation de la démocratie était perçu comme une fin en soi, et non pas comme le moyen permettant de construire une réponse consensuelle et éclairée au dérèglement écologique. Difficile cependant de mesurer à quel point l'effacement relatif de la dimension écologiste du projet retentit sur son aboutissement.

a. Un échec médiatique plus que politique

J'ai perçu très tôt la frustration que je ressentirais si l'échec du projet était causé par le manque de publicité. Finalement, combien d'élus ont entendu parler de mon projet ? C'est une question qui me taraude et à laquelle nous n'aurons jamais de réponse.

Comme au début de l'initiative, je persiste à croire que si les 35 000 maires de France en avaient perçu l'écho, les 500 parrainages auraient pu être atteints.

Face aux difficultés auxquelles je faisais face pour recueillir les signatures, combien de fois ne m'a-t-on pas renvoyé, en comparaison, aux difficultés que connaissaient les « gros » candidats. Mais leurs difficultés sont d'un tout autre ordre ! La majorité des maires, élus sur des projets locaux, font tout pour rester à l'écart des étiquettes de politiques nationales. Or les candidats à l'élection présidentielle défendent les programmes politiques de leur camp et sont donc naturellement étiquetés et clivant.

Le projet que nous avons porté pendant près d'un an était beaucoup plus rassembleur. Sans même aller jusqu'à partager la nécessité de créer une assemblée constituante, je crois que beaucoup de maires sont enclins à soutenir l'initiative d'une jeunesse qui s'engage pour la démocratie.

Auront ainsi cruellement manqué l'écho médiatique et la légitimité qu'il aurait apportée à notre initiative. D'abord par le simple fait que cette médiatisation réussie lui aurait peut-être permis de se concrétiser, mais surtout parce que si elle avait finalement échoué après avoir été correctement médiatisée, l'enseignement politique à tirer de cet échec aurait alors été extrêmement instructif. A l'inverse, l'échec qu'elle a connu étant largement dû à son manque de médiatisation, il empêche d'en tirer beaucoup de conclusions : difficile d'évaluer l'impact d'un projet politique sur une population qui n'en a pas eu vent…

Cependant, je me rappelle un dîner entre amis, en décembre 2021, au cours duquel je pus échanger avec une ancienne camarade de lycée, aujourd'hui journaliste. Face à mon incompréhension causée par un fort sentiment de frustration dû au manque de médiatisation du projet, elle m'affirma avoir été de son côté étonnée par l'importance de la couverture médiatique du projet. Comment ce projet, sorti de nulle part, mené par un inconnu, avait-il réussi à questionner et à mobiliser autant de journalistes ?

Ce sont ce genre de moments qui m'ont rappelé l'ambition du projet et ont je crois contribué à en dédramatiser l'échec éventuel. Il m'aurait été psychologiquement difficile de tenir sur la longueur sans ces retours salutaires à une certaine normalité.

Qui connaît Damien Tarel ? Certainement pas grand monde. Pourtant, à l'été 2021, alors que nous sommes sur la route avec Adrien, des millions de Français entendent son nom pour la première fois, et sûrement la dernière.

Le 8 juin 2021, Damien Tarel gifle le président de la République. S'ensuivent alors des dizaines d'articles, de sujets télévisés et d'apparitions médiatiques. Après trois mois passés en prison, le jeune homme de 28 ans est même invité sur le plateau de *Touche pas à mon poste*, là où sont passés avant lui plusieurs ministres en exercice.

Je n'ai absolument rien contre Damien Tarel, dont je ne connais rien, mais la séquence médiatique a de quoi désespérer. Elle est symboliquement forte à mes yeux : la violence est une bien meilleure porte d'entrée sur le monde médiatique que toute proposition raisonnée.

Je ne suis pas naïf et la séquence ne m'a tout d'abord pas étonné plus que cela. C'est plutôt mon absence d'indignation qui m'a étonné *a posterirori*, notre absence d'indignation. Comment sommes-nous arrivés là ? Comment sommes-nous arrivés à considérer ce fonctionnement médiatique comme une normalité ?

Ce sujet complexe est au cœur du problème de l'évolution de notre société. Nous ne réussirons pas à faire face aux bouleversements environnementaux et à leurs conséquences sans réguler l'univers médiatique (réseaux sociaux comme médias traditionnels) aujourd'hui régi par une économie de l'attention centrée sur des objectifs à ultra court terme.

b. Comment je n'ai pas été pris au sérieux

Mes proches se sont tout d'abord inquiétés de la démesure de mon ambition et de la déception qu'ils prévoyaient à l'issue du projet. Ils ont cependant compris au fur et à mesure du développement du projet que leur inquiétude était souvent mal placée. Je n'ai pas et n'ai jamais eu l'ambition de devenir président de la République. À partir du moment où j'ai abandonné l'idée qu'une personnalité publique se porte candidate pour le porter moi-même, la réelle ambition de ce projet était de peser dans le débat politique français. Non seulement d'y apporter une idée originale mais également de profiter de l'élection présidentielle pour mesurer l'intérêt, l'adhésion, que pourrait susciter cette solution constituante.

L'amertume que je ressens aujourd'hui ne découle absolument pas de l'échec du projet à se transformer en candidature officielle faute d'avoir réuni les 500 parrainages. Elle provient en fait de l'impossibilité pour moi de mesurer la qualité politique du projet, qui n'aura finalement jamais pu se confronter au débat public faute d'avoir existé médiatiquement. On serait tenté de croire son échec médiatique représentatif de sa qualité intrinsèque mais cela semble bien hypothétique au vu du nombre bien trop faible de journalistes qui se sont intéressés au projet en tant que tel et non principalement au jeune candidat essayant de le porter.

Cette amertume se nourrit des raisons de cet échec, qui se concentrent dans l'absence de reconnaissance du projet par les grands médias nationaux. Cet échec médiatique révèle une vérité plus basique : je n'ai pas réussi à être pris au sérieux par les journalistes qui ont eu vent du projet. Ce mépris médiatique est assez révélateur de l'insuffisance de la légitimité citoyenne pour avoir une place dans le débat public.

Le 17 janvier 2022, les politologues Dominique Boullier et Rémi Lefebvre publient dans Libération une tribune intitulée *A candidat unique, proposition unique : une nouvelle constitution.* Imaginez ma surprise ! On peut y lire : « *Faisons de l'élection présidentielle non pas un plébiscite mais un référendum pour une Constituante, autour d'une candidature totalement centrée sur ce projet, qui peut fédérer des volontés de changement, dans toute la gauche et au-delà.* » C'est, mot pour mot, le projet que j'essaie de faire exister. Pourtant, *Libération* n'aura jamais accepté de publier une seule des tribunes que je leur ai envoyées.

Le mépris médiatique n'est probablement pas suffisant pour comprendre le manque de considération sérieuse pour le projet. La récolte progressive des parrainages entraîne une autojustification dont je n'ai pas eu le temps de profiter. Pour un projet grevé par son manque de crédibilité, les dix premiers parrainages sont beaucoup plus difficiles à obtenir que les dix derniers.

Très tôt s'invita dans la campagne la question du nombre d'élus qui soutenaient le projet. Avec toujours trop peu d'heures dans une journée, il est compréhensible que les maires s'appuient davantage sur le nombre de soutiens officiels que sur la qualité intrinsèque du projet pour juger de son sérieux.

Plus fondamentalement, le manque de prise au sérieux s'explique par une méfiance qui déborde largement le cadre des institutions (partis politiques, Assemblée nationale, présidence de la République…). On se méfiera d'une candidature qui se dit apartisane, portée par quelqu'un qui annonce ne pas vouloir faire de carrière politique.

Combien de fois n'ai-je pas entendu mes interlocuteurs faire allusion, de manière plus ou moins affirmée, aux ambitions électorales qu'ils me prêtaient pour l'avenir ? Après tout, cela est bien compréhensible. Lorsque l'on voit un jeune comme Grégoire Cazcarra, qui présente son dernier livre comme « *le cri du cœur d'un jeune engagé, passionné et libre de toute attache partisane* » rejoindre le gouvernement quelques mois après sa publication, comment ne pas suspecter les engagements prétendument apartisans en faveur de la démocratie de n'être qu'un tremplin carriériste ?

Comme tout le monde, je suis sujet à cette tendance au cynisme en ce qui concerne l'engagement des autres. Celui-ci parait trop souvent faux, en particulier lorsqu'il concerne la politique, et donc le pouvoir. La majorité des médias n'assurant que rarement ce rôle de filtre éditorial raisonné, échouant souvent à dénoncer les supercheries, il revient à chacun d'essayer de distinguer l'initiative honnête de l'ambition personnelle.

c. Les satisfactions

Malgré l'échec du projet à se faire connaître sa mise en œuvre m'a apporté plusieurs satisfactions. Parmi elles, les rencontres que ces quelques mois à parcourir le pays m'ont permis de faire, entre rendez-vous en mairie et fréquentations des campings municipaux. Je pense en premier lieu à Marc, avec qui j'ai pu créer un fort lien, mais ma mémoire est remplie de noms et d'endroits que je n'oublierai pas. Ce livre se voulant avant tout le compte-rendu d'une expérience politique et non pas un récit de voyage, on m'excusera j'espère de ne pas y avoir inclus plus de noms propres.

Toutes ces pérégrinations ont évidemment nourri ma réflexion personnelle. Ce livre en donnera un aperçu au niveau politique, mais il est évident que le voyage et les rencontres font mûrir de manière plus générale. De ce point de vue, il est clair que je ne regrette rien.

Ces satisfactions personnelles ne doivent cependant pas masquer le soulagement qui a accompagné la fin du projet. Un de mes proches m'a demandé quelques mois plus tard si la campagne électorale me manquait. Même si les mauvais souvenirs ont tendance à s'estomper plus vite que les bons, il est clair que cela ne me manque pas une seconde.

Au-delà de ces considérations égocentrées, la conclusion du projet m'a apporté certaines satisfactions proprement politiques. Nous avons, en tout et pour tout, échangé avec une petite centaine d'élus. En bout de course, neuf ont fait le choix de parrainer ma candidature. Autrement dit, près de dix pour cent des maires rencontrés ont signé !

Quel autre projet peut se targuer d'un tel soutien parmi les élus locaux ? Évidemment la représentativité statistique est ici assez faible. Elle laisse néanmoins présumer un certain potentiel de soutien parmi les 34 900 maires à qui nous n'avons jamais présenté le projet.

En plus des neuf maires qui ont parrainé notre projet, je compte au moins une dizaine d'élus qui m'ont assuré de leur soutien. Parmi ces élus n'ayant finalement pas signé, je présume que la majorité, si ce n'est tous, ont été sincères avec nous mais n'ont pas jugé urgent de parrainer un candidat qui ne passerait finalement pas la barrière des cinq cents signatures. Il faut remettre cela en perspective compte tenu de l'agenda serré du maire, dont les préoccupations politiques sont souvent d'ordre local, en adéquation avec celles de ses électeurs.

d. L'urgence de recréer un projet commun

La fin du mois de février 2022 a été marquée par l'invasion de l'Ukraine par la Russie. Je me souviens très bien du réflexe autoritariste qui m'a gagné aux premiers jours de la guerre. Dépassant tout mon engagement des derniers mois, survint une remise en cause aiguë de la validité de mes convictions démocratiques, ou plus précisément un questionnement sur la capacité d'une démocratie à réagir efficacement à l'agression armée d'un État autocratique. Je ne questionnais alors pas seulement la pertinence de mon projet et d'un processus de démocratisation de nos institutions, mais la pertinence de la démocratie même, à un moment où il fallait réagir, et vite.

Je me suis vite ressaisi et j'ai rattrapé le fil de ma réflexion démocratique. La démocratie est non seulement la meilleure des garanties face à l'agression des autocraties mais elle est peut-être même le meilleur moyen de les gagner.

En mai, l'élection présidentielle a confirmé les dérives qui constituent les fondements des motivations politiques de mon projet : taux d'abstention de 28% au deuxième tour, près de 40% chez les moins de 25 ans, incapacité du président à asseoir sa légitimité sur une réelle majorité d'adhésion, score record pour l'extrême droite…

Petite mention des législatives, qui auraient démenti les critiques envers ses dérives majoritaires selon certains… Il est vrai qu'Emmanuel Macron ne dispose pas de la majorité qui était habituellement donnée au nouveau président élu par un calendrier électoral qui lui est favorable. Doit-on y voir un renouveau de la pratique parlementaire dans le cadre de notre Ve République ? Peut-être. On peut cependant en douter lorsqu'on voit que le record du taux d'abstention a encore été battu en 2022, pour la 8e fois d'affilée[1] ou lorsqu'on s'interroge sur la capacité à déployer une intelligence collective au sein de l'actuelle Assemblée nationale.

On peut y lire au contraire le dernier symptôme de l'agonie de notre système politique actuel. Autrement dit, même l'avantage d'un calendrier électoral favorable au camp présidentiel ne suffit plus à obtenir une majorité parlementaire.

Je n'ai aucun rapport dogmatique à tel ou tel système politique. Mon environnement, mon éducation, l'histoire de mon pays… beaucoup d'éléments me poussent vers un *a priori* démocratique. Mais c'est sur ma réflexion personnelle, sur des « *épaules de géants* », que j'essaie de fonder mes convictions politiques.

Cependant, aucun de ces géants n'a vécu l'arrivée du web. Ma génération a grandi avec le développement d'internet et je fais partie de ceux qui pensent que l'humanité a passé un cap structurel avec l'arrivée de celui-ci. Il est donc urgent de repenser

---

[1] Le taux d'abstention au premier tour des élections législatives ne fait qu'augmenter depuis les élections de 1986, dernières élections à s'être déroulées à la proportionnelle. En juin 2022, il s'est élevé à 52,49%.

nos rapports et nos organisations sociales au prisme de ce bouleversement mondial.

Je suis souvent émerveillé par le succès que connaissent les vidéos de vulgarisation scientifique sur YouTube. Ces centaines de milliers de visionnages nous rappellent tous les jours la soif de connaissances et de compréhension qui peut enfin s'exprimer librement sur internet. La barrière à l'entrée du domaine de la connaissance existe toujours (il faut un accès à internet et la capacité de s'en servir) mais elle n'a jamais été aussi basse dans toute l'histoire de l'humanité.

Il n'en est que plus effarant d'assister à l'explosion de la désinformation. On étudie aujourd'hui son instrumentalisation, systématisée par de grands pays comme la Russie, la Chine ou l'Iran dans leur volonté de détruire l'espérance démocratique, ainsi que par des grandes industries comme celles du tabac ou du pétrole, aveuglées par leur quête du profit.

Autant le sujet me passionnait déjà à titre personnel, autant je ne voyais pas clairement le lien avec ce projet politique à son origine. Les mots *science*, *vérité* et *croyance* ne figurent pas une seule fois dans le manifeste du projet. Pourtant, il est évident que c'est en grande partie là que résident les clés de notre avenir commun sur cette planète.

Or, en juin 2021, je tombe par hasard sur un dossier tout juste publié par le Conseil National du Numérique intitulé *Récits et contre-récits. Itinéraire des fausses informations en ligne*[1], qui vise à étudier la manière dont se diffusent les fausses informations en ligne. On y lit parmi les recommandations publiées dans la synthèse du dossier, au premier point :

---

[1] *Récits et contre-récits. Itinéraire des fausses informations en ligne …*

> (Re)construire un récit collectif basé sur un socle d'acquis communs. Les récits légitimes qui structuraient la société sont de plus en plus mis en doute, notamment car les institutions et les intermédiaires qui les portent ont perdu leur légitimité auprès de certains publics. Il est donc nécessaire pour l'État, les médias et autres institutions publiques de revaloriser l'altérité comme condition du débat public équilibré et de redéfinir un socle d'acquis partagés.

Refonder la légitimité des institutions qui portent notre récit commun. Le lien est enfin fait avec le projet *Constituante 2022* et avec l'élection présidentielle à venir.

De plus, à l'orée de la campagne électorale, la commission des « Lumières à l'ère numérique » présidée par Gérald Bronner publie une liste de trente recommandations sur le sujet à destination de tous les candidats [1]. Au-delà des recommandations techniques, on y retrouve l'affirmation que « *c'est plus profondément le lien de confiance entre les citoyens, les médias et les institutions qu'il s'agit de retisser.* » Ici encore, la question de la confiance et des institutions occupe la place centrale.

Mais la possibilité de recréer un récit commun existe-t-elle actuellement ? Nos sociétés occidentales sont aujourd'hui divisées et la tendance est à la polarisation croissante. Ne sommes-nous donc pas condamnés à attendre le passage de la tempête avant de recoller les morceaux ?

Il faut en premier lieu relativiser le degré de division que nous connaissons actuellement. Il est évident que la France est aujourd'hui bien plus soudée et apaisée que dans les années 1930 (période avec laquelle notre époque est bien trop souvent comparée) et encore plus si l'on se rappelle les divisions postrévolutionnaires qui ont marqué tout le XIXe siècle.

---

[1] Les lumières à l'ère du numérique …

Le défaitisme n'a d'ailleurs pas même lieu d'être lorsque l'on considère, comme moi, que la question n'a en fait jamais été d'éviter la tempête. Alors qu'internet appelle à une modification des termes du contrat social, les crises du climat et de la biodiversité sont en train de bouleverser nos modes de vie et vont exacerber les crises économiques, sociales et migratoires que connaît notre vieux continent.

Confrontés à ces éléments, l'objectif est alors de tenir bon. Il nous reste simplement à agir pour essayer de donner assez de souplesse à nos sociétés afin qu'elles puissent encaisser les coups et ressortir la tête haute de la zone de turbulence dans laquelle nous entrons pour les prochaines décennies.

e. Les obstacles à surmonter

Parmi les nombreuses difficultés auxquelles nous devrons faire face pour renouveler la pratique démocratique de notre vieux pays, trois éléments sont ressortis de mes pérégrinations électorales.

Le scepticisme démocratique des trentenaires (ou « le démocrato-scepticisme » ?)

Les plus jeunes, de 18 à 25 ans, avec qui j'ai pu discuter, ont tout simplement un rapport aux institutions extrêmement distant, quasi-inexistant. Je n'apprends ici rien à personne, et mon expérience n'est pas particulièrement intéressante. À noter cependant la singularité de la jeunesse des bons lycées parisiens dont je suis issu, héritiers d'une classe sociale qui a relativement moins décroché vis-à-vis de nos institutions[1]. J'ai pu ressentir à de multiples occasions son décalage avec la jeunesse française de manière plus globale. Décalage peut-être alors trop souvent éludé dans des médias pour qui « l'abstention des jeunes » fait toujours un bon sujet en période électorale.

Mon expérience électorale m'aura cependant amené à observer un phénomène plus marquant et moins évoqué par les observateurs de la vie politique : le rapport des 25-35 ans à la démocratie. Ce que je rapporte ici n'est qu'un témoignage et devrait être complété par les travaux de sociologie et de science politique qui se penchent sur le sujet. Tout au long de l'année 2021, j'ai eu de multiples occasions d'aborder le sujet du caractère démocratique de notre système politique avec bon nombre de jeunes adultes, maintenant installés professionnellement, souvent après de longues études et ayant commencé à fonder une famille ou y songeant.

Et de fait, ce sujet est rarement abordé dans nos conversations de tous les jours. Les trentenaires (ceux à qui j'ai parlé, du moins) partagent avec leurs aînés un certain intérêt pour la vie de nos institutions, même si leurs préoccupations politiques ressemblent davantage à celles de leurs cadets, autour des préoccupations environnementales et féministes notamment. Cependant, et c'est ce qui les distingue parmi toutes les classes d'âges que j'ai rencontrées, j'ai trouvé chez eux un rapport éminemment sceptique avec la forme démocratique même de notre gouvernement.

Bien que fortement conscients des enjeux de leur génération et du caractère dramatique des conséquences à venir du

---

[1] Il n'existe pas d'étude, à ma connaissance, sur le comportement électoral des jeunes parisiens. Cependant, au-delà de mon ressenti, les différences de taux d'abstention entre différents quartiers d'Ile-de-France forment un exemple particulièrement frappant.

changement climatique, le système démocratique ne leur apparaît pas du tout comme la clé de la solution, au contraire ! Position confortée par le constat que les précédents gouvernements se sont montrés incapables d'apporter une réponse systémique au problème. Une incapacité perçue d'autant plus criante au regard des slogans de campagne, du « *notre maison brûle* » de Chirac au « *make our planet great again* » de Macron. Même l'alternance droite-gauche-centre ne semble y avoir rien fait. Le système semblant incapable de se réformer, ils en viennent très facilement à mettre l'empêchement de tout changement sur le compte de la démocratie.

Le débat est aussi vieux que la démocratie elle-même, et la critique de la démocratie remonte à Platon. Dans le livre VI de la *République*, on peut lire les fondements de certains arguments actuels : la démocratie dévaloriserait l'expertise nécessaire à la bonne gouvernance. On retrouve ce type de raisonnement chez certaines personnalités aujourd'hui très médiatisées, et notamment dans le discours de Jean-Marc Jancovici, déjà cité dans l'introduction de ce livre.

Coqueluche de cette génération éduquée, Jancovici est particulièrement représentatif de ce nouveau procès en inefficacité mené contre la démocratie. Malgré son refus de principe de s'exprimer sur des domaines qui dépassent son champ d'expertise (les questions d'énergie), l'insistance des médias et de ses admirateurs le pousse parfois à s'aventurer dans le champ des sciences politiques. A coup de petites phrases par-ci par-là, c'est bien un plaidoyer *démocrato-sceptique* auquel se livre Jancovici[1].

---

[1] https://reporterre.net/Jean-Marc-Jancovici-polytechnicien-reactionnaire, l'article est fortement à charge mais les phrases citées restent pertinentes.

La tentation du rejet démocratique

Cette critique instrumentale de la démocratie, que j'ai particulièrement remarquée chez les 25-35 ans, débouche même parfois sur une apologie de l'autoritarisme, ou du moins d'un pouvoir fort. On pouvait observer d'ailleurs jusqu'à récemment un certain tropisme chinois chez certains sceptiques de la démocratie. *« Un système de type chinois est-il un bon compromis ? Il n'est pas exclu que la réponse soit oui »* s'interrogeait même Jancovici dans une vidéo de questions-réponses dont la première porte sur l'efficacité de la démocratie à résoudre le problème du changement climatique[1].

Cette tentation autoritariste dépasse cependant le cadre de la protection de l'environnement. Elle semble plus généralement laisser s'exprimer un besoin irrationnel d'autorité face aux frustrations causées par les dysfonctionnements de nos démocraties comme le sentiment de perte de souveraineté, la dégradation des services publics, l'absence de récit collectif fort… frustrations dont se nourrit l'extrême droite.

Venant de personnes supposées rationnelles, disposant d'un capital culturel élevé et d'une forte capacité de compréhension du monde, cette attirance vers l'autoritarisme a confirmé l'un des axiomes sur lequel s'était appuyé mon projet. La multiplication des défaillances de l'Etat au sein d'un système démocratique peut permettre à l'extrême droite d'accéder au pouvoir en s'appuyant sur un vote populaire qui dépasse son seul noyau militant.

La crise du covid-19 et son traitement calamiteux par les systèmes autoritaires, et en premier lieu le régime chinois, aura eu le mérite de dégonfler cette soi-disant efficacité de l'autoritarisme. Et les récents exemples américains, aux Etats-

---

[1] https://www.youtube.com/watch?v=RIlh1MT9WsQ *Jancovici a répondu à vos questions*, publiée le 02/12/2019 et consultée le 10/01/2022.

Unis et au Brésil, ont rappelé au monde que les avocats les plus tonitruants de l'ordre autoritaire finissent toujours par apporter le chaos.

Dans cette même catégorie du rejet démocratique et de l'autre côté du spectre politique figure la tentation de la « désobéissance civile ». Loin de moi l'idée de mettre un signe égal entre ces deux tentations. L'extrême droite au pouvoir, dont l'autoritarisme est un des piliers structurels, n'est porteuse d'aucune solution autre que le retour à une loi du plus fort bien éloignée de toute préoccupation écologique. Et l'extrême droite représente un danger bien plus prégnant aujourd'hui en France, en Europe et dans le monde, que les mouvements écologistes qui prônent la désobéissance civile.

Il me semble néanmoins essentiel de défendre ici que la désobéissance civile est bien un obstacle à surmonter, un symptôme du problème et non une solution. On pourrait arguer que la désobéissance civile éveille les consciences, mais le lien entre la conscience écologiste et la modification de son mode de vie n'a jamais été démontré. On pourrait également défendre les victoires locales obtenues par des blocages et autres actes de désobéissance, mais cela ne change pas la donne globale.

Je comprends qu'elles puissent représenter un objectif d'action concrète pour répondre aux frustrations d'une génération refusant de subir un avenir dégradé par l'action des générations précédentes, mais je crois que cela n'apporte aucune solution systémique au problème. Au contraire, je pense plutôt qu'aujourd'hui, dans notre pays, par l'énervement qu'elles génèrent et la facilité qu'ont les pouvoirs publics de délégitimer leur action, certaines mobilisations de désobéissance ne font que renforcer le discours autoritaire.

Fondamentalement, la désobéissance civile défend la primauté de la morale individuelle partagée par quelques-uns sur les règles de la collectivité. Or seul un consensus large et durable permettra de retrouver un équilibre écologique. Contribuant bien plus à attiser les tensions qu'à créer ce consensus, la désobéissance civile ne pourra donc faire avancer la situation qu'à la condition paradoxale de ne servir que de lanceur d'alerte avant de disparaître au profit d'une nouvelle règle commune établie de façon consensuelle.

Le conservatisme démocratique

Nous avons lancé ce projet en présumant d'une « *majorité préexistante et en constante augmentation [...] en faveur du renouveau démocratique*[1] » mais cette campagne aura en partie infirmé cette intuition.

Il semblerait que les défenseurs du système actuel ne soient réellement plus très nombreux. Parmi les élus rencontrés, seuls deux d'entre eux ont tenu à exprimer leur attachement au fonctionnement actuel de la Ve République. On peut effectivement concevoir l'élection comme un simple mode de désignation des dirigeants et non comme un processus plus englobant de légitimation du pouvoir permettant de cimenter une communauté. Mais c'est faire fi, je pense, des aspirations *démocratiques* (pas forcément *participatives*) prégnantes dans notre pays.

En revanche, au sein de la majorité qui partage notre critique du fonctionnement actuel de notre démocratie, s'exprime une inquiétude bien plus obstruante pour notre projet que le déni de la minorité qui s'en satisfait. Il est clair que nous avions sous-évalué l'inquiétude soulevée par la proposition d'un tel changement institutionnel chez ceux-là mêmes qui pourraient former la majorité indispensable à un tel changement.

Nous avons entendu cette inquiétude pour la première fois à Bourg-Achard (27), en discutant avec la maire de la commune.

---

[1] Voir le manifeste *Et pourquoi pas ?* en annexe.

Consciente des enjeux liés à la question institutionnelle et bienveillante à l'égard de notre démarche, l'édile nous exprima simplement son inquiétude face aux bouleversements qu'impliquerait une assemblée constituante : les débats auxquels elle donnerait lieu risqueraient d'être houleux et le texte final pourrait ne pas satisfaire une majorité et laisser la porte ouverte à de multiple réformes institutionnelles à l'avenir.

Je comprends cette inquiétude et la partage sincèrement. Pourtant, cette peur du changement occupe chez moi la deuxième place du podium derrière l'inquiétude causée par notre inertie actuelle. Tant au niveau politique qu'environnemental, toutes les courbes sont au rouge et nous nous contentons d'en observer la dégradation.

L'âge joue probablement son rôle dans l'appréciation relative de ces deux niveaux d'inquiétudes. Il est certain que la jeunesse contribue à relativiser l'inquiétude du changement alors que les années apportent leur dose de conservatisme. J'ai cependant bon espoir de voir cette appréciation relative s'inverser dans les prochaines années. La détérioration du contexte politique nourrit le désir de changement, jusqu'à un certain stade, et pourrait contribuer à accélérer cette inversion des inquiétudes.

Conclusion

491 parrainages supplémentaires m'auraient évidemment permis de proposer ce « pari démocratique » à l'échelle de notre pays et auraient laissé chacun en tirer une conclusion. Cependant, malgré toutes ses imperfections et ses impasses, cette improbable incursion présidentielle aura été pour moi particulièrement riche en enseignements.

Sur le fond, je reste convaincu que la seule manière de préserver nos libertés individuelles tout en retrouvant un équilibre climatique viable passe par l'action de l'Etat démocratique. Seuls des gouvernements légitimés par un processus démocratique reconnu par l'écrasante majorité auront la capacité de régulation et de planification requise pour être efficaces.

Dans cette longue lutte face au dérèglement climatique, il nous faudra trouver la ligne de crête entre le laissez-faire actuel et le potentiel liberticide de l'action étatique. Il ne nous reste donc qu'à nous armer d'optimisme et essayer, encore et toujours, de trouver l'équilibre.

La manière de renforcer le caractère démocratique de notre système politique actuel est une question plus épineuse. Nous avons essayé à quelques-uns, avec Adrien, Marc, Deny, Manon et Sidi que j'ai eu l'occasion d'évoquer au long de ce compte-rendu, de porter une candidature à l'élection présidentielle afin de médiatiser notre proposition et de lui donner un débouché politique concret et immédiat. Par manque de médiatisation, difficultés organisationnelles, budget restreint, erreurs… nous avons échoué à faire aboutir notre initiative.

Cependant, il me semble que nous avons ressenti à notre échelle le potentiel d'une telle proposition. S'est lentement formée une petite équipe aux origines diverses, qui a finalement réussi à obtenir le soutien public d'élus d'horizons politiques différents. Le soutien au projet s'est construit sur des motivations variées, de la préservation de l'environnement à la lutte contre l'extrême droite, de la lutte contre les injustices à celle contre l'individualisme.

C'est d'ailleurs le propre de la politique que de permettre le dépassement des seules préoccupations personnelles pour œuvrer au bien commun. A nous maintenant de chercher à dépasser les intérêts sectoriels pour réussir à construire un nouveau système politique qui nous permettra d'avancer sereinement à l'avenir.

Quels rôles doivent jouer les partis politiques, les organisations syndicales et les associations dans cette démocratisation souhaitée ? Quelle place pour les journalistes, les universitaires, les militants ? Et surtout quelle place pour les citoyens dans la diversité de leurs rapports à l'engagement ? Ce sont toutes ces questions auxquelles nous devons essayer de répondre collectivement. J'espère que ce livre contribuera à ce débat.

Remerciements

Mes remerciements vont tout d'abord à Adrien Fenniri, sans qui ce projet n'aurait jamais pu voir le jour.

Je remercie infiniment Marc Batard d'avoir fait de ce projet en partie le sien et de m'avoir accompagné de la manière la plus généreuse qui soit. Merci à Deny de Almeida d'avoir accepté de nous suivre dans cette aventure et d'avoir mis ses compétences à son service.

Un immense merci à Sidi Cherif Haidara, pour tout son travail et pour nos conversations toujours constructives sur la manière de porter le projet.

Merci à Manon Chevalier d'avoir toujours été volontaire pour s'impliquer davantage.

Merci aux neuf maires qui ont cru dans ce projet, assez pour m'accorder leur parrainage officiel :

Olivier Grima, maire de Castelculier, dans le Lot-et-Garonne

Janny Siméon, maire de La Chapelle-Saint-André, dans la Nièvre

Elise Boulon, maire de La Celle, dans l'Allier

Patrick Pétorin, maire de Pamplie, dans les Deux-Sèvres

Christian Berthomier, maire de Saint Jean d'Arvey, en Savoie

Gilles Thomasset, maire de Saint-Germain-de-Joux, dans l'Ain

Sylvie Daugreilh-Dubourg, maire de Lamothe, dans les Landes

Christian Dugue, maire de Montceaux-Ragny, en Saône-et-Loire

Corinne Cardona, maire de Poleymieux-au-Mont-d'Or, dans le Rhône

Merci à mon grand-père, Georges Lécallier, qui m'a toujours encouragé à poursuivre ce projet, et ce jusqu'à l'écriture de ce livre.

Merci à mon grand-oncle, Henri Rocca pour son accueil et son aide, et pour ses présentations purement politiques de mon projet, sans référence à ma jeunesse.

Merci enfin aux donatrices et donateurs pour leur soutien, qui m'a été aussi indispensable que réconfortant et qui m'a permis de continuer tant sur le plan matériel que psychologique.

Merci à Fabienne Lécallier pour ses indispensables relectures.

Et à mes parents, évidemment.

Annexe

Annexe

Candide en campagne

Appel à la médiatisation des candidatures indépendantes ; tribune rédigée le 27 octobre 2021

Le taux de participation aux élections est toujours observé comme principal indicateur de la vitalité de la démocratie représentative. C'est pourquoi la hausse continue de l'abstention depuis plusieurs décennies nourrit l'inquiétude de toutes celles et ceux sincèrement concernés par l'avenir de notre modèle démocratique. Elle présage d'un système dans lequel la majorité ne se rendrait plus aux urnes, laissant ainsi une minorité d'électeurs choisir nos représentants, contre toute logique démocratique.

Parmi les multiples raisons de l'abstention avancées par les responsables politiques, les sociologues ou les journalistes, nous aimerions ici en rappeler une à laquelle il serait possible de remédier rapidement : la diversité de l'offre politique. Au lendemain des élections régionales, marquées par des taux de participation historiquement faibles, près d'un quart des abstentionnistes évoquaient le fait que les candidats qu'ils connaissaient ne leur plaisaient pas (selon une enquête Ipsos/Sopra Steria réalisée pour France TV et Radiofrance).

Or le problème est moins l'inexistence d'une offre variée et constamment renouvelée que son impossibilité à émerger dans les médias.

Dans le cadre de l'élection présidentielle qui s'annonce, il est compréhensible que les médias s'intéressent avant tout aux personnalités installées depuis déjà bien longtemps dans le système politique ou médiatique. Cependant, mettre en lumière l'ensemble des projets politiques en vue de 2022 assurerait une représentation médiatique plus égalitaire des différentes candidatures.

Cette nouvelle visibilité permettrait de diversifier l'offre politique actuelle en exposant des projets originaux défendus par des candidatures citoyennes, extérieures au monde politique traditionnel. Cela élargirait la gamme des propositions politiques dans lesquelles les citoyens seraient susceptibles de se reconnaître, permettrait de ramener vers les urnes une partie des abstentionnistes et de remobiliser les électeurs insatisfaits.

C'est dans cet espoir que nous, signataires de cette tribune, candidates et candidats à l'élection présidentielle portant des projets différents, lançons cet appel aux médias pour qu'ils fassent toute leur place aux initiatives que nous défendons.

Candide en campagne

Réconcilier les jeunes et la politique ; tribune rédigée le 12 septembre 2021

Comment « *réconcilier les jeunes avec l'arène politique traditionnelle* » ? C'est une question qui préoccupe politiques et éditorialistes en cette nouvelle rentrée, comme le rappellent les deux pages consacrées à ce sujet dans *Le Monde* du 11 septembre dernier. Effectivement, la perspective d'une démocratie sans électeurs prend de plus en plus d'ampleur, nourrie notamment par des taux d'abstention vertigineux chez les jeunes.

Tout le monde s'accorde aujourd'hui sur le décalage qui existe entre les modalités d'action politique des jeunes (les marches pour le climat, l'engagement associatif, la mobilisation sur les réseaux sociaux…) et le cadre institutionnel qui régit notre vie publique. Il est plus inquiétant encore de noter que ce désengagement vis-à-vis du jeu politique conventionnel n'est pas l'apanage exclusif des jeunes mais concerne une partie grandissante de la population.

Pourtant, la nécessaire reconnexion entre le cadre institutionnel et cette nouvelle culture politique est le plus souvent envisagée à sens unique : comment réintégrer les jeunes dans le système actuel ?

De nombreuses initiatives en ce sens existent déjà, visant à remobiliser les jeunes et les abstentionnistes. Gouvernement, associations, partis politiques… tous s'échinent à ramener les électeurs aux urnes à coup de campagne publicitaire, de tribunes et d'appels à la responsabilité. Sans résultat visible jusqu'ici.

Il est peut-être temps d'admettre que les abstentionnistes, jeunes et moins jeunes, ne reviendront plus dans un cadre institutionnel élaboré il y a plus de cinquante ans. On pourrait alors enfin s'atteler à refonder un nouveau système, plus inclusif, dans lequel pourraient s'intégrer les nouvelles formes de mobilisation politique.

Cette rénovation de nos institutions est défendue par plusieurs mouvements politiques, et parfois de longue date. Mais elle est toujours mise au service d'un projet de société partisan, rarement consensuel.

Pour inventer un nouveau cadre d'expression et d'action politique capable de relégitimer durablement notre gouvernement, cette rénovation institutionnelle devra se faire à deux conditions essentielles : qu'elle soit déconnectée de tout objectif programmatique et qu'elle soit élaborée dans un processus démocratique permettant d'y associer toutes celles et ceux désireuses d'y participer.

La prochaine élection présidentielle offre justement une opportunité exceptionnelle pour inscrire un tel projet au cœur du débat public. Et faire entendre la voix de toutes celles et ceux qui ne veulent plus voter pour les multiples programmes de gouvernement qui leur sont proposés mais qui sont prêts à revenir aux urnes dès 2022 pour y défendre la rénovation démocratique de nos institutions.

Candide en campagne

Réponse à Bruno Piriou, maire de Corbeil-Essonnes ;
tribune rédigée le 3 janvier 2022

Bruno Piriou "a décidé de ne donner sa signature à aucun candidat à la présidentielle : il n'en attend plus rien, explique-t-il dans une tribune" que vous pouvez retrouver ici. Partageant son constat mais déterminé à porter un projet différent à la prochaine présidentielle, j'ai décidé de lui répondre.

À moins de 100 jours du premier tour de l'élection présidentielle, aucune candidature ne semble susciter un élan d'enthousiasme populaire autour de son programme. La désillusion de maire exprimée par Bruno Piriou est d'ailleurs probablement représentative de bon nombre d'électeurs, comme l'est aussi sûrement son optimisme. Sans être entièrement déconnectée de la crise sanitaire, cette morosité politique vis-à-vis de la prochaine élection présidentielle est plus fondamentalement la conséquence de notre système politique.

Les institutions de la Ve République sont en effet enfermées dans un paradoxe délétère : elles concentrent de nombreux pouvoirs dans les mains d'une personne mais n'apportent aucune garantie que celle-ci dispose du soutien de la majorité de la population. De ce fait, malgré la puissance juridique, administrative et symbolique que lui confèrent les institutions, la présidence nouvellement élue se retrouve incapable d'appliquer son programme sans s'opposer à la majorité qui n'a pas voté pour lui. Les mandatures s'enchaînent donc au rythme des renoncements et des passages en force qui laissent les blocages s'accumuler et viennent nourrir méfiance et frustration.

Otages impuissants de ce cercle vicieux, aucun des programmes de gouvernement qui nous sont présentés aujourd'hui, quelle que soient leur pertinence ou la sincérité avec laquelle ils sont défendus, ne réussira à susciter l'adhésion de la majorité nécessaire à son application en 2022. La situation est d'autant plus frustrante que, face aux crises économique, sociale, migratoire… et environnementale surtout, des solutions existent ! Et qu'une large partie de la population est prête à appliquer des mesures gouvernementales qui seraient issues d'un véritable débat démocratique.

Cela est d'autant plus vrai pour ma génération, très largement tentée par l'abstention au premier tour et pourtant fortement consciente de l'urgence d'apporter des réponses fortes à ces crises. Le seul projet à mettre en œuvre de façon prioritaire est donc celui qui rendrait possible, demain, la mise en œuvre d'actions gouvernementales plébiscitées par la majorité de la population.

C'est le projet que j'ai décidé de porter en me présentant au premier tour de l'élection présidentielle avec une proposition politique unique : la réécriture de notre constitution par une assemblée constituante déconnectée de tout autre programme politique partisan. L'objectif est de permettre à toutes celles et ceux qui ne se satisfont plus de l'offre politique actuelle de s'exprimer au premier tour par leur vote pour peser sur le cours de l'élection et faire de ce projet une réalité dès 2022.

Face à l'indifférence qu'inspirent les candidatures actuelles, il est encore temps de proposer une alternative positive et enthousiasmante. Nous pourrions ainsi, dès cette année, refaire société autour d'un nouveau récit fondé sur la rénovation démocratique de notre pays et, enfin, nous atteler à résoudre collectivement les problèmes du XXIe siècle.

Candide en campagne

Primaire Populaire : le dernier sursaut de la Ve République ; tribune rédigée le 3 février 2022

Malgré un processus de vote innovant et une certaine dynamique lors de sa dernière étape, la Primaire Populaire a échoué à créer un consensus autour d'un socle programmatique minimal et d'une candidature commune. Mais cet échec ne doit pas nous cacher un problème politique plus important encore : la difficulté croissante qu'ont les candidates et candidats à l'élection présidentielle à rassembler largement autour de leurs programmes.

La Ve République présuppose depuis son origine la cristallisation d'un consensus populaire autour d'une personnalité et de sa vision politique à l'occasion de l'élection présidentielle. Mais dès 1965, lors de la première élection présidentielle au suffrage universel, malgré sa stature exceptionnelle, De Gaulle échoue à rassembler 50% des voix au premier tour à la grande surprise des observateurs.

Depuis 1981, le score moyen des principaux candidats à la présidentielle diminue, passant de 30% en 1981 à 10,9 en 2002. Par répercussion, la légitimité du président élu s'en est vue diminuée alors que son importance politique s'est accrue avec l'inversion du calendrier électoral. Et si on aurait pu croire en 2007 à une évolution à l'américaine de notre système politique avec une bipolarisation et le recours aux primaires comme instrument de départage au sein des familles politiques, l'éclatement du paysage politique des années 2010 est venu doucher cet espoir.

Au regard de cette perspective, la Primaire Populaire apparaît comme une tentative originale de recréer les conditions du rassemblement, au moins sur une partie du spectre politique. Son échec n'a pu que souligner l'impossibilité de s'en remettre à des procédures artificielles et déconnectées des institutions pour dépasser les clivages. Il est même à craindre que la Primaire Populaire ait ainsi, à son fort défendant, contribué à la hausse de la méfiance et de l'indifférence vis-à-vis de la politique.

Il est temps d'admettre qu'aucun programme de gouvernement ne réussira à susciter l'enthousiasme d'une majorité citoyenne en amont des élections, peu importe sa qualité et peu importe la sincérité de celles et ceux qui le défendent. Il est temps d'admettre que notre système politique ne nous permet plus de former les consensus indispensables à l'application de réformes aujourd'hui essentielles à la résolution des crises. Il est enfin temps d'admettre que seule une rénovation de notre constitution, opérée de manière démocratique et déconnectée de tout projet politique partisan, permettra de recréer de la confiance et de relever efficacement les défis du XXIe siècle.

Et pourquoi pas ?

La fin des privilèges ou la renaissance démocratique
Projet d'une candidature aux élections présidentielles de 2022

Sommaire

Introduction

La nuit du 4 août 1789, la nouvelle Assemblée nationale décidait la fin des privilèges et posait la première pierre de la démocratie : l'égalité. Par un vote démocratique, la France abolissait un système profondément injuste dont les pratiques menaient à son propre effondrement. Le monde entrait alors dans une nouvelle ère, éclairée par le combat de la France et de tous ceux qui se soulevèrent dans son sillage.

Depuis quelques décennies, le développement de nouvelles injustices nous mène vers un autre effondrement. Des privilèges d'un type nouveau entraînent la dégradation du climat et la destruction de la biodiversité dont nous dépendons en tant qu'espèce.

Pourtant, la prise de conscience mondiale de ces dernières années permet d'espérer la possibilité d'une nouvelle voie. Et c'est en France une fois encore que peut naître, par la démocratie, un point de rupture historique. En 2022, l'échéance électorale nous offre la possibilité de réécrire les règles du jeu politique de manière à abolir ces nouveaux privilèges et créer les conditions nécessaires à la lutte contre le réchauffement climatique.

Et pourquoi pas ?

Je fais partie d'une génération pour qui l'engagement est difficile et la politique un concept particulièrement lointain. Mais ce dégoût de la politique est loin d'être le monopole de la jeunesse. Cette défiance est aujourd'hui partagée par une large majorité qui s'exprime notamment par l'abstention, premier parti des Français. C'est une majorité encore plus large qui n'a plus foi dans les instances de la Ve République et dans le personnel politique qui la sert.

Or cette défiance est aujourd'hui nourrie par le fonctionnement normal de nos institutions dont la présidence forme le cœur. Par l'alliage de notre système électoral et de l'abstention, le chef de l'État s'appuie en réalité sur la confiance d'une minorité de Français uniquement, tout en profitant d'un gouvernement dit « majoritaire. » Il est alors condamné à gouverner sans l'appui d'une majorité citoyenne et doit donc, soit renoncer à ses engagements, soit faire passer son programme en force. Cette pratique du pouvoir est à l'origine de la méfiance et entretient un cercle vicieux, destructeur de la démocratie.

Cette crise démocratique est cependant le parent pauvre des médias contemporains, aujourd'hui éclipsée par la crise sanitaire, hier par la crise migratoire, avant-hier par la crise économique… Or cette crise surplombe toutes les autres car la démocratie est aujourd'hui le système spécifique qui nous permet de gérer collectivement les crises de toutes sortes, la crise environnementale étant la plus dramatique d'entre toutes, en France et en Europe comme dans tant d'autres pays.

La crise environnementale est aujourd'hui le problème primordial pour la société française, tant du fait de la nature profondément destructrice de ses conséquences qu'en raison de l'ampleur de l'effort à consentir pour le résoudre. Le combat pour l'écologie suppose la modification en profondeur d'un système auquel nous participons tous, quoique de manière très inégale. Pourtant, du fait même de la crise démocratique, les mesures qui permettraient d'abolir les nouveaux privilèges en vue de maîtriser le réchauffement climatique ne peuvent pas bénéficier du consensus qui leur est indispensable.

Or le temps presse, car chaque année d'inaction climatique alourdit de façon exponentielle le poids des conséquences et la charge que nous ferons peser sur les générations futures. Il est donc urgent de prendre le temps de recréer les conditions de création de ce consensus. C'est en sortant de l'impasse démocratique dans laquelle nous nous trouvons que nous pourrons retrouver les moyens de régler collectivement et de manière efficace, apaisée et responsable, les crises présentes et à venir, et la plus dangereuse d'entre elles, celle du dérèglement climatique.

Dans ce but, la prochaine échéance présidentielle me semble être la fenêtre historique permettant de sortir de cette impasse démocratique en s'appuyant sur trois principes :

- Rassembler une majorité de Français autour d'un projet recentré sur l'élaboration, par le biais d'une Assemblée constituante, d'une nouvelle constitution et en particulier d'un nouveau dispositif de désignation de nos gouvernants
- Proposer dans le cadre des institutions actuelles une nouvelle répartition opérationnelle entre la Présidence et

Et pourquoi pas ?

l'Assemblée législative élus en mai/juin 2022 permettant de gouverner le pays pendant le temps de l'élaboration de cette nouvelle constitution
-   Mener ce projet à partir de l'extérieur de l'échiquier actuel des partis politiques

C'est pourquoi j'entends proposer en 2022 un débouché électoral inédit à celles et ceux qui ne se reconnaissent pas entièrement dans les autres candidatures et qui restent convaincus de la force de la démocratie : un projet politique intégralement construit autour de la refondation démocratique de la France.

Ce projet devra être porté par une candidature apartisane et profondément politique, entièrement dédiée au renouveau de la démocratie en France. Je propose de l'incarner personnellement et en détaille les fondamentaux dans les pages suivantes, divisées en cinq chapitres :

I.   Un changement inéluctable et mondialisé
II.   Le rôle de l'État démocratique
III.   La solution constituante
IV.   Comment faire ?
V.   L'objectif de ma candidature

Candide en campagne

I Un changement inéluctable et mondialisé

Notre planète se réchauffe et la biodiversité mondiale s'effondre, mettant en péril la précieuse chaîne alimentaire dont nous sommes tributaires en tant qu'êtres humains. Même si ces deux crises existentielles ne sauraient masquer la multitude des problèmes que nous devons affronter en tant que société, nous n'avons plus le luxe de pouvoir les ignorer.

Chaque génération doit relever les défis de son temps et je ne doute pas des difficultés qu'ont dû affronter nos parents, nos grands-parents et nos ancêtres avant-eux. Mais c'est aujourd'hui l'horizon de l'humanité dans son ensemble qui est assombri par la perspective de conditions de vie dégradées, perspective qui ne concerne plus uniquement les générations futures mais celles qui naissent, grandissent et vieillissent actuellement.

Les conséquences du dérèglement environnemental (économiques, sociales et sanitaires notamment) nous conduisent vers un bouleversement mondialisé et très inégalitaire de nos modes de vie. Et ce mouvement s'annonce durable sachant que l'on ne connaît pas encore le moyen de renverser le mécanisme du réchauffement de la planète. Si l'ampleur du dérèglement est encore incertaine, la modification radicale de nos modes de vies est bel et bien une certitude. La nature du changement sera cependant bien différente selon que les hommes le choisissent de leur plein gré ou qu'ils le subissent malgré eux.

Le changement qui vient sera donc plus ou moins choisi, plus ou moins subi, et dans des proportions dont la première conséquence sera sociale. En effet, plus il sera subi, plus il sera inégalitaire. Nous sommes loin d'être tous égaux face aux conséquences du dérèglement de la planète.

Et pourquoi pas ?

Le changement subi : le triomphe des inégalités

Si le réchauffement climatique est un phénomène planétaire, ses conséquences (épisodes de chaleur extrême, catastrophes naturelles, raréfaction des ressources…) sont souvent localisées et leur répartition autour du globe est inégale. À ces disparités géographiques s'ajoutent évidemment des différences de développement économique qui déterminent les capacités d'un pays à gérer les conséquences du réchauffement. Ces inégalités annoncent donc un phénomène massif de migration vers les oasis que seront devenus les pays moins impactés comme la France, qui occupe, sur les plans géographique et économique, une position assez avantageuse.

Mais ces inégalités géographiques et économiques ne concernent pas uniquement l'échelle mondiale et se retrouvent au niveau régional et local, l'exposition aux risques étant différente selon le lieu d'habitation comme selon le revenu. Cela signifie que ce changement climatique est synonyme de fins de mois encore plus difficiles pour tous ceux qui souffrent déjà de la pauvreté. En d'autres termes, fin du mois et fin du monde sont les deux faces d'un même combat.

Enfin, ces inégalités conjoncturelles s'ajoutent à certaines disparités plus fondamentales : âge, santé… Peu importe sa position relativement avantagée aux niveaux géographique et économique, la France ne sera donc pas moins concernée par les conséquences désastreuses des dérèglements de la planète, et en premier lieu dans le domaine social.

Candide en campagne

L'inégalité ne se trouve cependant pas uniquement au niveau des répercussions de la pollution mais également à sa source, tant au niveau international (entre les pays), qu'au niveau national (entre les citoyens). Les populations aisées ont en fait embrassé au cours des dernières décennies des pratiques polluantes qui forment aujourd'hui de nouveaux privilèges. Celui de prendre l'avion tout au long de l'année, de changer de smartphone régulièrement etc. Car c'est précisément cela un privilège, un avantage indu par rapport à la norme, par rapport au droit tel qu'il devrait être pour garantir l'intérêt général.

Et il faut être bien naïf pour croire que les inégalités pourront continuer à se creuser ainsi sans déboucher sur la violence et le chaos. Mais la France est justement le pays de l'abolition des privilèges.

Le changement choisi

En revanche, la modification radicale et volontaire de nos modes de vie peut nous empêcher de sombrer dans cette spirale inégalitaire et être, au contraire, synonyme de plus d'égalité. La nature de ce changement volontaire pourra en effet être très différente selon le niveau de richesse : il représentera un apport qualitatif pour les plus modestes et une perte quantitative pour les plus riches. Les exemples de réformes possibles sont nombreux : la régulation du trafic aérien toucherait principalement les plus riches alors que la rénovation des passoires thermiques profiterait surtout aux plus modestes. En tant que communauté nationale, nous consommerons moins mais mieux. En tant que classes sociales, certains consommeront moins, d'autres mieux. Cela signifierait, en un mot, la fin des privilèges.

Et pourquoi pas ?

Nous pouvons faire ce choix. Cela fait maintenant plusieurs décennies que l'on imagine des alternatives dans l'optique d'un développement durable et il s'agit aujourd'hui de les mettre en application afin de maîtriser le changement. Il existe en France les énergies, les ressources, les volontés pour mettre en œuvre un tel changement et retrouver un équilibre de vie que les différentes révolutions industrielles ont bouleversé.

En tout état de cause, le changement de société induit par les dérèglements environnementaux sera un changement radical. À nous de le rendre le moins brutal possible en le prévoyant, en le maîtrisant et en le devançant.

Alors pourquoi ne l'avons-nous pas déjà fait ? Pourquoi la prise de conscience écologiste des dernières années ne s'est-elle pas traduite en actes ? Les hommes sont-ils en fait réellement capables de choisir le changement ?

Beaucoup ne le croient pas ou plus. Parmi ceux qui ont compris que notre mode de vie actuel sera bientôt invivable, certains préfèrent chercher un avenir à l'humanité dans les étoiles ou dans la technologie. D'autres pensent même que notre civilisation est condamnée à *s'effondrer* avant que ne naissent de nouvelles sociétés.

Je ne suis pas d'accord et refuse leurs conclusions. Je crois profondément qu'une large majorité est prête à embrasser un changement profond de mode de vie si elle en décide collectivement les modalités en toute connaissance de cause. C'est pour lui donner ce pouvoir que je me suis lancé dans ce projet. Parce que j'ai confiance dans la capacité de notre intelligence collective à dépasser nos limites individuelles.

Candide en campagne

L'inefficacité du changement individuel

Un monde dans lequel chacun adopterait progressivement un comportement vertueux au fur et à mesure des prises de conscience individuelles serait idéal. On pourrait défendre que le retour à l'équilibre écologique se fera par l'adoption rationnelle et individuelle de comportements plus sobres. Et en effet, si nous changions tous radicalement nos modes de vie individuels, la situation écologique pourrait redevenir équilibrée.

Mais cet idéal bute en fait sur de nombreux obstacles. Le premier, celui de l'impossibilité d'accès au coût environnemental des biens et des services que l'on consomme, pourrait être dépassé si l'État imposait et contrôlait la publication des bilans carbones des produits et services disponibles à la vente. Mais on se heurte alors à un nouveau frein, économique celui-ci. Consommer en respectant l'environnement est aujourd'hui plus cher et demande de trop nombreux sacrifices, inacceptables parfois au regard des critères reconnus en France en matière de vie décente. Et ce biais économique existera tant qu'il sera moins cher de produire et de consommer en détruisant la planète qu'en la respectant.

Au-delà de la question des prix, les limites à ce monde idéal tiennent surtout à la manipulation des comportements psychologiques par l'économie de marché. C'est en effet la part d'irrationalité dans la consommation, lorsqu'elle est utilisée comme moteur de l'économie, qui empêche l'option individualiste d'être une solution face au changement climatique. Comment ne pas placer son bien-être au-dessus de l'intérêt général lorsque cela m'est fortement suggéré ? Plus encore, comment combattre seul des injonctions omniprésentes à la consommation ?

Le discours de responsabilisation individuelle a en fait un fort effet contre-productif. Il fait difficilement la part des choses du fait même de l'absence de mesures précises du bilan carbone de la consommation et se trouve donc largement déconnecté de toute réalité objective. La consommation de viande ou l'utilisation d'une voiture individuelle sont ainsi des pratiques beaucoup plus stigmatisées que l'utilisation des nouvelles technologies.

De plus, ce discours touche également les individus de manière très inégale, certains étant socialement et culturellement mieux armés que d'autres pour s'affranchir de ces injonctions morales ou pour s'y opposer frontalement. D'autant qu'en réalité, verdir individuellement sa consommation a une influence tout à fait négligeable sur la dégradation de l'environnement.

Malgré les limites évidentes énoncées ici qui rendent inefficace une solution individualiste dans le cadre du système économique actuel, les dirigeants au pouvoir ne cessent d'appeler à la responsabilité individuelle et renvoient la prise de décisions plus globales à des instances internationales. Adopter un tel discours permet de se présenter comme le défenseur de la liberté et de la coopération mondiale contre les tenants rabat-joie d'une écologie « punitive » et refermée sur son territoire.

L'appel à la responsabilité individuelle marque le retour en force du jugement moral sur les comportements tout en ayant un impact écologique fort discutable. Le discours moral ne fait que conforter la bonne conscience des uns et la frustration des autres, sans changer la donne du dérèglement climatique.

Comment alors dépasser cette limite individuelle ? Par l'organisation de la vie en collectivité, dont la première étape est d'admettre que nous ne sommes pas capables de surmonter seuls nos faiblesses communes. Seuls face à des entreprises, à des partis ou à des algorithmes qui profitent de nos faiblesses pour servir les intérêts des individus qui les ont créés ou qui les financent.

C'est ici qu'intervient l'État démocratique, seul à même de transformer les prises de conscience individuelles en actes collectifs tout en respectant nos libertés fondamentales. En se tenant sur la ligne de crête du changement choisi dans un cadre démocratique authentique, dont l'élection présidentielle de 2022 peut être le moment historique de refondation.

II Le rôle de l'État démocratique

La question des libertés

L'adoption spontanée de comportements vertueux par tous les individus étant illusoire, c'est à l'État de les y contraindre par la sanction et l'incitation. En d'autres termes, c'est à l'État d'assurer, par cette obligation, la primauté de l'intérêt général que ne peut assurer la responsabilisation de chacun. Mais à quel prix ?

La limitation des libertés individuelles est un sujet central en démocratie comme l'ont rappelé les débats sur l'obligation du port du masque ou ceux concernant la limitation de vitesse à 80 km/h sur les départementales.

Pourtant, la liberté en communauté n'existe de toute façon que dans les limites du droit. En d'autres termes, la liberté n'est permise que grâce à certaines interdictions. Et aujourd'hui, certaines libertés (celle de polluer) empiètent sur d'autres (celle de vivre dans un environnement sain). À nous de différencier collectivement celles qui sont des privilèges à abolir, de celles qui sont des libertés à préserver.

L'équilibre entre les libertés individuelles et les contraintes visant à en garantir la possibilité d'exercice est une équation profondément politique. Une équation que la démocratie nous permet de résoudre en débattant ensemble des droits auxquels nous sommes tous prêts à renoncer pour garantir ce que nous considérons comme des libertés imprescriptibles.

Et de fait, la lutte contre le réchauffement climatique devra forcément passer par une certaine réduction des libertés de polluer. Il est donc aujourd'hui nécessaire de mettre fin aux droits

Et pourquoi pas ?

à polluer, qui ne profitent d'ailleurs qu'à une minorité de la population. Ce sont de réels privilèges qui empiètent aujourd'hui sur la liberté de vivre correctement des générations présentes et à venir.

Seulement, si la limitation des libertés est un des piliers de la vie en communauté, l'autre pilier est celui de l'acceptabilité des mesures contraignantes par une large majorité de la population. Et dans un pays de 67 millions d'habitants, cette acceptabilité passe par la confiance dans les autorités habilitées à édicter ces limitations et à les faire appliquer. Aujourd'hui en France, ce pilier est ébranlé par le manque de légitimité démocratique de l'État.

On a pu l'observer dans le cadre de la lutte contre le Covid-19. Au mois de mars 2020, des mesures très contraignantes ont été prises brutalement, de manière verticale, et n'ont été acceptées que sous l'effet de sidération provoqué par la violence de la crise, le gouvernement s'en étant justifié par l'urgence et une prétendue nécessité « scientifique ». Cette situation d'exception aurait effectivement pu être comprise par la population, si c'était bien par exception qu'il s'était autorisé à s'affranchir des outils d'anticipation et de contrôle démocratique existants. Or ce qui aurait été acceptable pour la population en tant qu'exception s'avère être pensé par le gouvernement comme la règle courante.

De ce fait, les mesures contraignantes ont par la suite été de moins en moins bien acceptées et la deuxième vague de contamination ne fut jamais vraiment endiguée. Le gouvernement a pu faire appel à la responsabilité individuelle, encore et encore, de manière à imputer ses difficultés face à la crise sanitaire au

« caractère gaulois » des Français, irrespectueux et réfractaires à toutes contraintes.

Or ce n'était pas les contraintes qui n'étaient pas acceptées mais la manière dont elles avaient été décidées et imposées. En s'abritant quand cela l'arrangeait derrière les avis du Conseil scientifique Covid-19, en refusant un partage ouvert et constructif de la décision avec le parlement et les élus locaux, le gouvernement a nié le caractère politique de ses décisions et nourri l'incompréhension, le ressentiment et la frustration. Ce faisant, il a sapé l'efficacité même des nouvelles mesures qu'il a prises faute de disposer d'un niveau de confiance suffisant au sein de la population.

Au regard de l'importance des mesures à mettre en place dans le cadre de la lutte contre le dérèglement climatique, cette perte de légitimité démocratique est un handicap dramatique.

L'État face à la crise de l'environnement

Aujourd'hui en France, l'État ne fait pas assez pour combattre le réchauffement climatique. Comment l'expliquer ?

Le premier facteur d'inaction est la relativisation de l'importance du problème environnemental par les dirigeants qui sont au cœur de l'exécutif. Si le déni du réchauffement climatique ou de ses causes humaines a tendance à perdre du terrain, subsiste le sentiment que les questions environnementales, tout importantes qu'elles soient, doivent passer derrière d'autres problématiques plus urgentes. Et de fait, nombreux sont encore ceux qui, par conviction, par intérêt ou par calcul électoral, placent certains intérêts économiques au-dessus des dangers de la crise climatique.

Le deuxième facteur d'inaction est l'influence qu'exercent sur le processus d'élaboration des lois les lobbys représentant les agents économiques qui profitent des privilèges de la pollution, et donc de l'inaction de l'État. Influence renforcée par la prédominance au sommet de l'État des dogmes néo-libéraux, incompatibles avec les mesures nécessaires à la lutte contre le réchauffement climatique.

De manière plus structurelle, le troisième facteur est la dépendance de l'État français à l'égard des grandes banques et des institutions financières, qui ont profité de trente années de dérégulation néo-libérale et disposent aujourd'hui de leviers assez puissants pour briser les volontés étatiques qui s'écarteraient de leurs recommandations. Or ces acteurs financiers forment le noyau de résistance le plus dur contre les mesures nécessaires à l'avènement d'un nouvel équilibre environnemental.

Enfin, un dernier facteur essentiel tient à l'impossibilité des gouvernements récents à disposer d'un consensus réel sur les mesures vigoureuses à appliquer pour combattre le réchauffement climatique. La création de la Convention Citoyenne pour le Climat, dont l'objectif était justement de pallier cette absence de consensus et la décision de faire appel à des citoyens tirés au sort pour la constituer éclairent en fait le degré de faiblesse de la légitimité démocratique des institutions. C'est bien parce que le fonctionnement normal de la Ve République ne permet plus l'expression institutionnelle d'une majorité réelle de citoyens que le président Macron dut se résoudre à faire appel à des citoyens tirés au sort, espérant ainsi corriger cette carence démocratique (l'impossibilité institutionnelle de faire émerger un consensus) pour redonner une légitimité démocratique au gouvernement sur cette question.

L'expérience de la Convention Citoyenne n'aura cependant pas permis de relégitimer le pouvoir. En édulcorant les mesures proposées, le filtre institutionnel, c'est-à-dire le passage des propositions de la Convention par le gouvernement et l'Assemblée nationale, a prouvé l'échec du gouvernement à reconstruire sa propre légitimité. En vidant de sa force, et donc en méprisant le résultat ambitieux d'un exercice démocratique qu'il avait lui-même déclenché, le gouvernement prouve encore une fois son manque de considération pour le caractère démocratique de sa légitimité et pour la recherche du consensus populaire.

Cette impossibilité de dégager un consensus par le biais du processus habituel de prise de décision dépasse largement le cadre de la crise environnementale. Elle concerne en fait tous les domaines de l'action publique (économique, social, éthique etc.). L'impossibilité pour les institutions actuelles d'incarner la voix de la majorité détruit la légitimité du gouvernement et empêche par là-même l'État de guider la France dans la concorde, dans une direction ou dans une autre.

On dépasse ici le cadre de la gestion de la crise environnementale pour l'élargir à celui de la prise de décision de manière générale. L'enjeu ne se limite donc pas à porter une volonté écologiste au niveau de l'État mais il s'agit de reforger la légitimité démocratique de l'État, sans laquelle aucune volonté ne peut se développer durablement.

Et pourquoi pas ?

Le déficit démocratique

La Ve République est devenue un régime présidentialiste. Juridiquement, le gouvernement est responsable devant l'Assemblée nationale, instance de représentation des citoyens, et non devant le Président. Cependant, depuis la réforme du quinquennat en 2000 et l'inversion du calendrier électoral, tous les présidents élus ont pu disposer d'une majorité qui leur était favorable. Plus fondamentalement, la volonté d'origine de garantir la force du pouvoir exécutif en est venue à subordonner le pouvoir législatif et a presque réduit le parlement à un rôle de chambre d'enregistrement.

Cette perversion de l'esprit des institutions s'est accompagnée de deux évolutions socio-politiques contribuant également à perturber le bon fonctionnement du gouvernement : l'éclatement de l'échiquier politique et la progression de l'abstention. Ces deux phénomènes ont largement délégitimé le processus actuel de désignation des dirigeants, qui dans le passé avait pu fonctionner (c'est-à-dire conserver une forte légitimité) dans le cadre d'un clivage bipartisan et d'une participation massive.

La réalité est pourtant tout autre aujourd'hui : en 2017, Macron et Le Pen étaient désignés pour prendre part au second tour par moins de 35 % des Français. La majorité avait déjà perdu. En permettant l'arrivée au pouvoir d'un gouvernement disposant du soutien d'une minorité populaire mais d'une majorité légale, la Ve République renonce à son ambition initiale, à savoir rassembler une majorité sur un projet politique en amont des élections. La conjonction d'un facteur de procédure (l'élection présidentielle à deux tours et le quinquennat), de l'éclatement des opinions politiques et du poids de l'abstention mène donc à une érosion de la légitimité démocratique du gouvernement et nourrit la frustration qui entretient un cercle vicieux dont profite l'extrême droite.

Pour revenir au problème environnemental, on comprend que l'arrivée au pouvoir dans le cadre institutionnel actuel d'un parti écologiste ne suffirait pas à combattre efficacement les crises du réchauffement planétaire et de la perte de biodiversité.

À supposer que l'élite politico-économique néo-libérale soit écartée ou convertie, l'avènement d'un gouvernement écologiste dans le cadre délégitimé des institutions actuelles n'apporterait pas les garanties de durabilité suffisantes aux mesures de régulation environnementale. Ces mesures pourraient en effet être facilement supprimées par le gouvernement suivant, tout aussi privé d'une large assise majoritaire mais ayant réussi à accéder au pouvoir, probablement en s'appuyant sur les réactions populaires face à des mesures écologiques contraignantes.

C'est « l'argument Trump ». Les solutions qu'Obama a apportées aux problèmes de santé, d'économie ou d'environnement ont été écornées par son successeur, lui-même arrivé au pouvoir en surfant sur les frustrations. Tout cela aurait peut-être eu moins de chance d'arriver si les Américains n'avaient pas éludé la problématique primordiale de la démocratie.

Le raisonnement s'applique à toutes les décisions ayant trait à l'intérêt général mais vaut particulièrement en matière de lutte pour l'équilibre environnemental. Si la définition de l'intérêt général peut varier, la recherche de l'équilibre environnemental doit être une constante dans les politiques publiques des prochaines décennies.

Et pourquoi pas ?

Pour être pérenne, le changement orchestré par l'État doit donc reposer sur une acceptation consciente et rationnelle par le plus grand nombre. Une minorité écologiste au pouvoir dans notre République, s'appuyant sur la passivité politique (et électorale) d'une part grandissante de la population, n'apporterait pas les garanties nécessaires à la pérennité du changement face à l'argument Trump. Seul un changement décidé volontairement par une large majorité permettrait un minimum de garanties contre la prise de pouvoir d'un groupe ou d'un individu défendant des intérêts particuliers. Et seul un renforcement de la démocratie est à même d'apporter ces garanties. En d'autres termes, ce changement ne peut s'appuyer uniquement sur une légitimité scientifique ou sur la légitimité symbolique du pouvoir et doit rechercher la légitimité *démocratique*.

Combattre le réchauffement climatique efficacement nécessite donc en premier lieu de s'atteler à reconstruire le cadre institutionnel de gouvernement dans lequel pourront être prises les mesures de régulation écologiques. Mais l'enjeu de ce nouveau cadre ne se cantonne pas aux seuls problèmes environnementaux. Il concerne tous les aspects de la chose publique. C'est en fait l'application de n'importe quelle politique publique cohérente qui a besoin de ce nouveau cadre. Ce cadre doit être défini par une nouvelle constitution.

III La solution constituante

Une nouvelle constitution

Une nouvelle constitution prendrait la mesure des changements sociologiques et technologiques à l'œuvre en France depuis la mise en place de la Ve République par le général de Gaulle et ses modifications décidées de manière très peu démocratique, comme lors du référendum sur le quinquennat qui a vu à peine 18,5% des électeurs entériner la réforme.

Afin de garantir la légitimité démocratique du processus législatif, la nouvelle constitution devrait, entre autres, garantir les justes conditions du débat public nécessaire à la désignation des gouvernants. On pourrait également imaginer le renforcement du rôle des collectivités locales, l'introduction du tirage au sort comme mode de désignation des représentants du peuple etc. Toutes les solutions pourront être considérées et seront finalement choisies par une assemblée constituante appelée à se réunir au lendemain de l'élection présidentielle.

Une nouvelle constitution plus démocratique réduirait en fait le risque de voir s'installer les conditions sociales qui favorisent l'arrivée au pouvoir de discours simplificateurs et haineux. L'affaiblissement de l'influence populaire sur le processus de décision au fil de gouvernements de plus en plus minoritaires provoque une frustration qui profite à l'abstention, elle-même moteur de l'affaiblissement de l'influence populaire, ainsi qu'aux discours extrémistes. C'est de ce cercle vicieux qu'une nouvelle constitution peut nous sortir.

De nouvelles institutions devraient mettre fin à ce décalage de plus en plus palpable entre la volonté populaire et les gouvernements successifs. Décalage qu'est venue nous rappeler avec force la naissance du mouvement des Gilets jaunes. Le fonctionnement actuel des institutions, par la frustration qu'il crée, mène au renoncement et à la victoire de la bêtise.

Les défenseurs de la Ve République (peu nombreux aujourd'hui) répondront que, bien au contraire, le mécanisme électoral actuel est le seul à même de barrer la route du pouvoir aux extrêmes. Ils ne manqueront pas d'ailleurs de souligner l'expérience des élections législatives de 1986 (*taux abstention 21,5*), au scrutin proportionnel, qui avait vu entrer dans l'hémicycle 35 députés du Front National de Jean-Marie Le Pen. En 1988 (*taux abstention 34,4 et 30,1*), le gouvernement de Jacques Chirac s'empressa de rétablir, à l'aide du 49.3, le scrutin uninominal à deux tours que nous connaissons encore aujourd'hui.

Si elle écarta un temps le Front National du pouvoir, cette stratégie écarta plus durablement les électeurs des élus. Et cet écart est le danger principal. En provoquant frustration et abstention, il forme la lame de fond favorisant l'ascension des mouvements d'extrême droite jusqu'à aujourd'hui.

C'est donc seulement en réduisant l'écart entre gouvernés et gouvernants par une réforme démocratique que nous empêcherons l'élection d'un gouvernement extrémiste et le développement de pratiques qui lui pavent le chemin.

Ce n'est cependant pas dans l'optique négative d'empêcher la montée de l'extrême droite que doit s'écrire une nouvelle constitution. D'ailleurs, la montée de l'extrême droite n'est qu'un symptôme. Une nouvelle constitution permettrait de traiter le problème à la racine et, dans une optique positive, de redonner une légitimité démocratique aux prochains gouvernements de la France en retissant le lien entre majorité populaire et gouvernement.

La légitimité que confère la constitution au gouvernement est essentielle au bon fonctionnement de la démocratie. Considérons la constitution comme le cadre des débats qui doivent aboutir à des décisions acceptées par la majorité et légitimées par le cadre en lui-même. Aujourd'hui, ce cadre est tellement vicié que les décisions prises en son sein ne sont plus acceptées. L'objectif d'une nouvelle constitution serait donc de voir s'épanouir les débats qui ne peuvent actuellement pas avoir lieu.

C'est-à-dire qu'aujourd'hui, quelle que soit leur nature, les différentes revendications politiques ne peuvent pas s'affronter à armes égales. Le jeu est biaisé. La majorité des libéraux le tolèrent, croyant qu'il les sert. Mais le biais ne profite en fait qu'à l'extrême droite, qu'au discours simpliste capitalisant sur les peurs, les frustrations et l'abattement du camp d'en face.

L'enjeu n'est donc pas de faire barrage à la montée de l'extrême droite mais de réécrire les règles du jeu de sorte que la mise en œuvre d'une revendication (la *réforme*) ou le refus de son application (la *conservation*) soit légitimé par un processus créé/validé/accepté par tous. Alors que les revendications sectionnelles portées par des luttes populaires ou des groupes de pression n'ont aujourd'hui aucune chance d'être écoutées sans disposer a priori de la faveur du pouvoir en place, l'enjeu est aujourd'hui de reformer un cadre des luttes permettant à celles-ci d'aboutir ou non selon des principes équitables acceptés par tous et inscrits dans une nouvelle constitution.

L'enjeu est de redonner du pouvoir au peuple afin qu'il reforme ce cadre institutionnel nécessaire à la vie en société.

Et pourquoi pas ?

La responsabilité de la France en tant qu'État

La France pourrait-elle se permettre cette période de reconstruction institutionnelle ? Ne serait-ce pas faire fi des responsabilités de l'État envers ses citoyens et envers les autres États avec qui il a affaire ?

Au contraire, c'est en fait au nom même de cette responsabilité qu'il est essentiel de prendre le temps de réécrire les règles afin d'établir un nouveau régime de gouvernement, plus stable car fort d'une légitimité démocratique renouvelée. Il serait irresponsable de continuer sur le chemin de la destruction de cette légitimité, chemin qui nous mène à la catastrophe. Ne pas le voir serait comme rouler avec quatre roues crevées et refuser de faire un détour chez le garagiste de peur d'avoir un accident en chemin.

L'État a également une responsabilité dans la préservation de la communauté nationale. Or il est aujourd'hui de plus en plus difficile de construire du « nous ». Face aux tensions et à la méfiance généralisée qui se développent, l'État est incapable de jouer son rôle et de contribuer à la cohésion minimum nécessaire à toute nation. C'est pourquoi il est urgent de recréer un cadre commun, accepté volontairement par tous. Il nous faut enfin réécrire le contrat social qui s'est délité à mesure de la perte de légitimité démocratique de nos institutions.

La responsabilité internationale répond aux mêmes exigences de stabilité. C'est précisément au nom du respect du droit international, des organisations dont elle fait partie et des traités qu'elle a signés que la France doit réformer ses institutions. La continuation de la politique intérieure actuelle, en favorisant le discours de l'extrême droite, mène à son arrivée au pouvoir. Or la prise de pouvoir d'un gouvernement extrémiste en France aurait des répercussions internationales autrement plus graves que celles que pourrait provoquer une période de transition vers un système plus démocratique en France.

De plus, ce nouveau régime serait un pôle de stabilité internationale non seulement par la force du gouvernement qui serait à sa tête mais également par le signal ainsi donné de reconnaissance du principe démocratique comme valeur centrale des relations internationales.

Réécrire les règles du jeu démocratique permettrait également d'ouvrir un réel débat sur la place que nous voulons occuper dans le monde, et notamment au sein de l'Union Européenne. Le malaise provoqué par le référendum de 2005 ne doit pas être ignoré. Prétendre ne pas se rendre compte des interrogations que soulèvent l'appartenance à l'Union ainsi que l'impact des règles de celles-ci sur la France est dangereux. Seulement aujourd'hui, aucun réel débat n'est possible. Le fonctionnement de la Ve République et la théâtralisation de la politique qui l'accompagne empêchent de traiter des questions complexes, notamment de celle de l'Union, sans tomber dans la simplification et la posture. Ces nouvelles règles démocratiques nous redonneraient la possibilité de mener ces débats de façon constructive.

Cette légitimité démocratique retrouvée garantirait à la France sa capacité à prendre toutes ses responsabilités, face à ses citoyens comme face aux autres nations, et porterait un puissant message d'espoir au plan international.

Un nouveau récit

Et pourquoi pas ?

On entend souvent dire que la France est aujourd'hui déboussolée. L'Occident aurait perdu tous ses repères avec l'effondrement de son alter ego soviétique et serait donc aujourd'hui incapable d'opposer un récit puissant face aux ambitions d'une Chine conquérante, ou aux affirmations autocratiques de la Turquie et de la Russie, par exemple.

Or cette perte de repères ne date pas de 1989 mais plutôt de 1979. C'est bien le vent néo-libéral qui s'attaqua aux valeurs qui structuraient le récit occidental et formaient le cœur de notre nation. Le mouvement commença par corrompre la fraternité en détruisant peu à peu les systèmes de protection sociale établis à la suite de la Seconde Guerre mondiale. Il s'attaqua ensuite à l'égalité, ringardisée. Et c'est aujourd'hui la liberté qui est peu à peu rognée.

Tout cela se fait par le biais d'un récit. Un récit puissant et fier, fondé sur quelques mythes socio-économiques, sur la haine de l'État et le fantasme de la réussite individuelle. Puis, en réaction à ce récit venu d'Amérique, se construisit peu à peu un récit opposé. Un récit centré autour de la sécurité et de l'autorité, acquises au prix de la liberté : le récit chinois. Ce dernier mit plus de temps à s'affirmer, mais il quitta peu à peu ses frontières pour essaimer un peu partout dans le monde, en Russie, en Turquie et jusqu'en Hongrie.

Or ces deux récits vont dans le mur. Le premier parce qu'il est incompatible avec le traitement des problématiques environnementales, le second parce qu'il ne laisse pas de place aux libertés individuelles les plus élémentaires, les deux se rejoignant dans leur incapacité démontrée jusqu'à présent à traiter sérieusement les questions écologiques. Seule la démocratie est à même de concilier l'exigence de la lutte contre le réchauffement climatique avec la prospérité nécessaire à la dignité et le respect des libertés individuelles.

L'idéal démocratique peut donc devenir ce nouveau récit positif à opposer aux modèles chinois et américain. De par la place mondiale que lui a donnée l'histoire, la France pourrait initier ce nouveau récit, comme elle en porta d'autres au fil des siècles, et permettre la naissance d'un modèle inédit de gouvernement, en phase avec les aspirations démocratiques du monde contemporain.

IV Comment faire ?

Le rassemblement autour du plus grand dénominateur commun

Dans le système présidentiel actuel de la République, tout changement majeur doit être le fait du Président. La résolution du problème démocratique doit donc passer par lui.

Une candidature se devrait donc d'essayer aujourd'hui de rassembler une majorité autour du plus grand dénominateur commun, la poursuite du combat démocratique. Le dénominateur commun ne peut pas aujourd'hui être l'écologie, qui exige des mesures politiques, débattables et clivantes. Croire que l'écologie peut être ce socle commun revient à nier l'ampleur du problème démocratique.

Mais le dénominateur commun ne peut pas non plus être un projet déjà écrit de nouvelle constitution. Ce dénominateur commun doit être la nécessité de mettre fin au système de la Ve République et à ses dérives ainsi que la volonté d'inventer et de créer ensemble un nouveau système politique à même de faire face aux crises du XXIe siècle.

Il faut aujourd'hui allier le coup de force d'une aventure électorale (la manifestation d'une majorité à un instant t) avec une majorité préexistante et en constante augmentation (la majorité en faveur du renouveau démocratique comme seul moyen de résoudre efficacement les crises, et en priorité celle du dérèglement climatique).

Dans cette optique, l'enjeu est de faire triompher un projet de révolution institutionnelle et non un projet de gouvernement.

Et pourquoi pas ?

La perte de légitimité du système a largement débordé le cadre des institutions pour toucher l'ensemble des professionnels de la politique au niveau national. Femmes et hommes politiques de tous partis sont aujourd'hui regardés avec défiance. Cette crise de confiance empêche le rassemblement d'une large adhésion derrière tout programme partisan. Elle discrédite même les candidats à la présidentielle qui reconnaissent l'existence d'un problème démocratique mais tentent d'y apporter une solution dans le cadre de projets partisans.

Ce n'est pas uniquement une question de confiance, c'est aussi une question de cohérence. En défendant un programme politique partisan, clivant par définition, ceux qui prennent la mesure du problème démocratique décrédibilisent la solution qu'ils prétendent y apporter. Comment voter pour quelqu'un qui défend l'abolition de la Ve République, car son gouvernement ne serait pas assez légitime, mais prétend néanmoins en profiter pour faire appliquer son programme ?

Il s'agit donc ici de construire un projet présidentiel qui serait centré sur la recréation d'un cadre institutionnel dans lequel le processus proposition-délibération-application pourrait se faire de manière sereine, en le découplant de tout autre programme politique. Cette vision pourrait être le fondement du rassemblement d'une forte majorité en 2022 en faveur d'une candidature présidentielle centrée autour d'un projet de reconstruction de nos institutions démocratiques. Les modalités concrètes de recréation du cadre institutionnel par une assemblée constituante seraient élaborées par un comité d'experts réunis bien en amont des élections présidentielles par le candidat incarnant le projet.

Candide en campagne

La victoire d'une telle candidature concentrée sur l'organisation d'une assemblée constituante marquerait la première étape d'une véritable refondation démocratique de la France.

Suivrait deux mois plus tard l'élection des députés de l'Assemblée nationale avec lesquels le Président ou la Présidente nouvellement élu(e) gouvernerait le pays durant la période constituante tout en ayant pris l'engagement de soutenir et de ne jamais entraver la marche du processus constituant. Évidemment, le gouvernement renoncerait à toutes velléités de réformes clivantes qui nécessitent un fort degré de légitimité démocratique alors que la réussite de ce projet l'aura prouvé faible.

La troisième étape serait celle de la création du chantier constituant qui se tiendrait en deux temps :

Serait tout d'abord organisé un référendum qui permettrait de définir le processus de désignation des délégués à l'Assemblée constituante entre deux options : par élection ou par tirage au sort. Dans les deux cas, le processus de désignation des délégués constituants viserait en fait à assurer une composition citoyenne, paritaire et territorialisée de la nouvelle assemblée. L'objectif serait de garantir la représentativité de la diversité des voix tout en assurant un fort ancrage territorial des délégués élus, afin que ceux-ci puissent faire le lien entre la population et l'assemblée constituante.

En effet, l'écriture de la nouvelle constitution ne se ferait pas uniquement dans le huis clos de la nouvelle assemblée mais également dans le cadre des assemblées locales créées à cet effet. De multiples espaces de délibération se sont créés spontanément ces dernières années, dans le cadre de Nuit Debout ou des Gilets jaunes par exemple. Tous ces espaces informels prouvent le désir de participation citoyenne d'une importante partie de la population.

L'enjeu est donc de codifier ces espaces de manière assez souple pour que l'on puisse profiter de l'esprit de liberté et d'initiative qui y règne tout en assurant un lien efficace entre cette multitude d'espaces délibérants et l'espace de l'élaboration institutionnelle que sera l'assemblée constituante. Ce lien serait assuré par le fait que chaque délégué serait responsable d'une assemblée locale ouverte à tous les citoyens français du territoire dont il est issu, qu'il aura pour mission d'animer plusieurs fois par mois. Cette mesure assurerait un relai personnalisé et souple entre assemblées locales et assemblée constituante. Un lien structurel serait également mis en place entre les délégués de l'Assemblée constituante et les députés de l'Assemblée législative en place, via la présence de délégués dans les différentes commissions de l'Assemblée.

Les deux options de désignation des délégués de la Constituante (l'option élective comme celle du tirage au sort) auront été d'ores et déjà été élaborées en amont, de façon exhaustive, (critères d'éligibilité, règles de non-cumul, engagement de ne pas se présenter aux futures élections législatives, rémunération…), par le comité d'expert qui aura également tracé les grandes lignes du mode de fonctionnement de cette assemblée constituante. Ces propositions auront été présentées de façon détaillée dans le cadre du projet de candidature présidentielle.

Le référendum qui arbitrera entre ces deux options sera organisé en même temps que le premier tour des élections législatives. Cela pose évidemment une question constitutionnelle dans le cadre de la Ve République. On préfère ici penser que, face à l'importance de l'enjeu et à la légitimité du suffrage universel, le Conseil constitutionnel accepterait la tenue de ce référendum. Dans le cas contraire, le Président élu se verrait obligé de le différer afin de passer d'abord par l'Assemblée nationale pour autoriser la possibilité de ce référendum, quitte à manier l'arme de la dissolution.

La victoire de ce projet inédit dans le cadre des élections présidentielles ne lui donnerait que la légitimité limitée fournie par la majorité relative nécessaire à la victoire. Une légitimité plus forte serait puisée dans l'importance de la participation au référendum. Le taux de participation indiquerait en fait le degré d'adhésion à ce projet de réinvention de nos institutions et conforterait la légitimité démocratique de la démarche.

Dans un second temps serait organisée la désignation effective des délégués composant la nouvelle Assemblée constituante, suivant l'option choisie.

À l'issue de leurs travaux, c'est-à-dire à une échéance de 12 ou 18 mois, un projet de nouvelle constitution serait remis au Président de la République. Le Président demanderait alors au Parlement d'organiser un référendum pour approuver le texte de la nouvelle constitution.

En cas d'approbation populaire, le Président procèderait alors à la proclamation de la VIe République. Il dissoudrait ensuite le Parlement et l'Assemblée constituante, et engagerait la nouvelle procédure de désignation des gouvernants prévue par la nouvelle constitution, laquelle acterait également la fin de son mandat.

Le refus de la nouvelle constitution est une éventualité, comme ce fut le cas en 1946, lorsque 53% des votants s'opposèrent à l'adoption de la Constitution proposée par

Et pourquoi pas ?

l'Assemblée nationale constituante élue en octobre 1945. Cette éventualité serait donc prévue par les règles de fonctionnement de la Constituante déjà déterminées en amont par le comité d'experts (renvoi du texte à l'Assemblée constituante, ou élection d'une nouvelle constituante, comme ce fut le cas en 1946.)

Pourquoi passer par une assemblée constituante ? Pourquoi ne pas confier la rédaction d'une nouvelle constitution à un comité ou encore se contenter d'instituer le référendum d'initiative citoyenne constituant (RIC) qui permettrait de corriger peu à peu les dérives de notre système politique ?

Parce que la légitimité démocratique d'un gouvernement ne dépend pas uniquement de la lettre de la constitution qui l'institue. L'érosion de la confiance sous la Ve République découle bien plus d'une certaine pratique du pouvoir que des évolutions juridiques de la constitution. La légitimité du gouvernement démocratique ne dépend ainsi pas uniquement de la rigueur mathématique du processus de sa désignation mais notamment de la confiance qui est accordée à ce processus.

Le travail d'une assemblée constituante et la publicité accordée à ses travaux permettraient de donner une légitimité *historique* à la constitution qui en découlerait. C'est notamment cette période de transition, de débat et de naissance de possibilités qui donnerait sa légitimité à la nouvelle constitution.

V L'objectif de ma candidature

La genèse du projet

C'est par les conversations que j'ai pu avoir avec des jeunes de ma génération que m'est venue l'idée de ce projet.

Plus précisément, j'ai d'abord retiré de ces conversations une des convictions les plus fondamentales de ma démarche : il existe une majorité de citoyens en faveur de plus de démocratie. Une majorité de Français veut agir, mais la plupart d'entre eux sont dégoûtés du monde politique actuel et choisissent de se concentrer sur les actions individuelles ou non-étatiques. Comment tolérer des institutions et une pratique du pouvoir qui méprisent les bonnes volontés ? Comment tolérer un système politique de plus en plus exclusif à l'heure où les citoyens sont de plus en plus *capables*, conscients des enjeux, des problèmes et des potentielles solutions ?

Mon intuition est qu'il est devenu prioritaire de rééquilibrer le rapport entre démocratie et technocratie, et c'est pour cela que j'ai décidé de m'engager en ce sens. Pour rendre notre démocratie plus démocratique. Et cela en dépassant les clivages politiques traditionnels, aujourd'hui mortifères dans le cadre d'institutions empêchant la formation du consensus.

J'ai également constaté que beaucoup de mes interlocuteurs désespèrent de changer les choses par le biais de la politique dans le cadre des institutions actuelles.

Profondément convaincu pour ma part de l'importance de l'engagement politique et de l'utilisation des moyens prévus par le système pour y induire des changements, j'en suis venu à imaginer ce projet : une candidature apartisane, décalée du jeu habituel des institutions tout en le respectant formellement, dans le but de rassembler le plus largement possible afin de recréer un système inclusif capable de sublimer les clivages politiques et d'accoucher de solutions aux crises disposant enfin d'une large assise démocratique.

Un projet de candidature citoyenne à la présidentielle, qui plus est initié par un jeune de 21 ans sans aucune expérience du monde politique, est voué à s'attirer mépris et moquerie. Mais c'est en connaissance de cause que j'ai fait ce choix. C'est même par opposition à une certaine tendance médiatique à se moquer de tout que j'ai décidé de mener ce projet politique pour le moins particulier. Car c'est bien le signe d'une société malade, de disqualifier par l'ironie toute alternative et initiative.

Et cette omniprésence d'une ironie méprisante ne concerne pas seulement l'univers de la politique. Elle est par exemple manifeste dans le monde de l'économie, où des propositions concrètes se font régulièrement taxer de « recettes vaudous » ou de « magie. » Or le manque de considération pour le discours des autres est un des facteurs de dislocation du corps social.

Créer du lien c'est avant tout écouter et respecter les convictions de l'autre, et si ce n'est les comprendre, au moins les prendre au sérieux.

Le bon moment

La mondialisation économique telle qu'elle fut initiée au début des années 1980 a atteint son paroxysme et le monde est aujourd'hui en pleine remise en question de ce modèle et en quête d'un nouveau récit.

Candide en campagne

Je pense également que l'écart entre la conscience et l'action au niveau environnemental n'a jamais été aussi grand. Dans le domaine politique, cet écart se présente sous la forme du décalage toujours plus important entre l'opinion de la majorité et l'action du gouvernement. Ce hiatus doit se résoudre d'une manière ou d'une autre, et la rénovation de notre démocratie m'apparaît comme la meilleure option pour le faire de manière pacifique.

Enfin et de manière plus récente, je pense que la crise du Covid-19 a exacerbé les tensions évoquées plus haut. Or ces tensions profitent uniquement à l'extrême droite qui est aujourd'hui la seule à se nourrir des passions mauvaises. Plus ces tensions sont exacerbées et plus l'extrême droite, la bêtise et la haine, se rapprochent du pouvoir.

J'ai d'abord élaboré la trame de ce projet dans un cadre privé, entouré de ma famille et de mes amis, volontairement à l'écart de la réalité du monde politique actuel. Puis, dès le mois d'avril, j'ai décidé de quitter ma bulle. Je suis rentré en contact avec des personnalités engagées, des journalistes, des professeurs, des députés… afin d'obtenir des avis sur la pertinence de ce projet et sur sa faisabilité, en prenant soin de laisser ouverte la question de la personne qui porterait ce projet lors de la prochaine élection présidentielle.

J'ai reçu toutes sortes de réponses, souvent positives sur le fond mais plus interrogatives sur le chemin pour y aboutir. Un point est cependant revenu sans cesse, confirmant l'une de mes intuitions initiales : le débat de la pertinence de ce projet ne peut plus avancer théoriquement. Seule l'irruption dans le réel d'une candidature dont ce projet serait le socle permettra de prouver si, oui ou non, ce projet a une pertinence en 2022.

Et pourquoi pas ?

Sans candidature, ce projet n'est qu'une énième critique théorique d'un système institutionnel dans lequel plus personne ne croit. En revanche, jamais cette réflexion n'a formé l'alpha et l'oméga d'un projet électoral.

C'est pourquoi j'ai décidé de me porter candidat aux élections présidentielles.

Qui suis-je pour porter un tel projet ? Quelle est ma légitimité ? C'est en fait la légitimité de tout citoyen à réfléchir sur l'avenir de son pays et à partager son raisonnement dans l'optique de contribuer au débat public. C'est la légitimité de tout citoyen à se faire force de proposition dans le cadre des élections, et notamment des élections présidentielles, au même titre que les professionnels de la politique. Et à rebours de l'ultra-personnification qui caractérise la Ve République, je ne suis personne. Je n'ai pour moi que la force de mes convictions, la rigueur de mon raisonnement et l'énergie de ma jeunesse.

De fait, mon objectif n'est pas de remporter l'élection présidentielle. Le but réel est de prouver que, oui, cent mille, cinq cent mille, un million de Français soutiennent le constat, l'objectif et la mise en œuvre de ce projet de rénovation démocratique de nos institutions.

Les élections de 2022 ne sont ainsi envisagées que sous l'angle de la rénovation démocratique nécessaire à la France. Et ma candidature veut porter la voix de toutes celles et ceux qui sont convaincus de sa nécessité impérative et préalable à tout programme de gouvernement.

Si lors du 1er tour, les votes de plusieurs centaines de milliers de Français se portaient sur ma candidature, ce ne serait pas pour que je devienne président de la République, mais pour que ce projet de régénération institutionnelle s'impose en toute connaissance de cause à celle ou celui que les Français finiraient par choisir. En un mot, ce projet deviendrait un levier décisif pour l'arbitrage final du second tour…

La naissance d'un mouvement

Se présenter aux élections présidentielles en France nécessite la présentation préalable de 500 parrainages d'élus et c'est pour faire entrer cet idéal démocratique dans le réel que je fais appel à vous. À ce stade du projet, ma priorité est de rencontrer maires et élus, d'écouter leurs avis et de les convaincre de la pertinence de ma candidature. C'est d'ailleurs notamment dans ce but que j'ai rédigé ce manifeste.

Mon espoir est de rencontrer parmi vous les élus qui incarneront la preuve tangible que cette demande d'une régénération de nos institutions émane du cœur de notre pays et de celles et ceux qui personnifient au quotidien la force de la tradition démocratique.

L'avenir de ce projet repose en grande partie sur la récolte de ces parrainages. Au-delà des apports conceptuels et pratiques dont le projet pourra bénéficier grâce à votre expérience, la naissance d'un engouement autour de ce projet chez les élus qui auront décidé de le parrainer ouvrirait la voie à la structuration d'un mouvement. Et c'est finalement ce travail en commun qui permettrait de donner toute sa force à cette proposition d'insuffler dès 2022 une nouvelle vigueur démocratique aux institutions de notre République.